JN022176

Educational Psychology

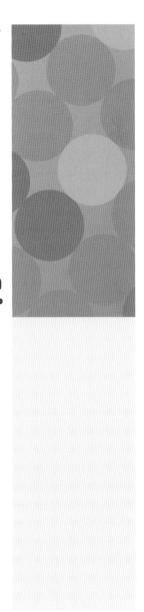

エビデンス
ベースの
教育心理学

●心身の発達と学習の過程●

榎本淳子・藤澤 文 編
Junko Enomoto & Aya Fujisawa

ナカニシヤ出版

はじめに

　現代は，グローバル化，少子高齢化，情報化など，今まで私たちが経験していない課題に当面している。社会は常に変化し，私たちはいつの時代も新しい課題に向き合うことになる。教育の現場を担う教師も，社会の新たな課題に合わせて，その時代に必要な知識や技能を子どもに提供しなくてはいけない。教育は時代に合わせ，かつどのような時代であったとしても，人が社会で生活するに十分な基礎を築くためのものであってほしい。

　本書は，教育に興味のある人や教師を目指す人を対象にしている。本書を読むことによって，子どもが知識や技能を習得するメカニズムの基礎的理論，さらにそれらを教えるための実践的な方法について学ぶことができる。特に，文部科学省から提示されている「教職課程コアカリキュラム」に従い，「心身の発達」と「学習の過程」の2部構成にし，子どもの発達と，発達に沿った学習や教授方法を相互に関連づけながら捉えることを目指している。どのような時代でも変わらない基本的な事項，そして現代の社会に照らした応用的で実践的な事項について理解してもらいたい。

　また，心理学は哲学を起源としている。哲学から独立し，ひとつの学問分野となったのは，科学的に実験を用いて人の心と行動のメカニズムを解明しようとしたことに始まる。「こころ」は他者に直接見えるものではない。何を人の「こころ」として扱い，科学的に明らかにするのか，これまでにさまざまな研究方法が見出され，多くの実験や調査が行われている。本書では，いずれの章においてもエビデンスに基づき，その分野で代表的な実験を紹介している。どのような実験で何が解明されたのか，科学的な心理学のおもしろさを知ってもらいたい。

　最後になりましたが，本書に執筆をいただきました先生方，および出版に際して忍耐強く支えて下さったナカニシヤ出版の山本あかね氏に心より感謝申し上げます。

2020年3月　編　　者

目　　次

■▦　Ⅱ　学習の過程　▦■

序章 教育心理学の意義と方法

1. 教育心理学の意義

(1) 教育心理学とは何か

　教育心理学は，「教育」，すなわち人を「教え，育てる」という事象を扱っている。「教え，育てる」という側面には，それを受ける側の存在，つまり教えられ，育つ側が存在し，それは学ぶ側，学習する側としても捉えることができる。教育とは教える側と学ぶ側の両者が一体となって成り立つ事象である。

　そもそも心理学は人のこころと行動のメカニズムを科学的に解明しようとする学問である。そうなると「教育心理学」は，人が教え，育てること，そして学ぶことに関するこころと行動のメカニズムについて知ることを主な目的としている。教える際はどのような点に注意するのが良いのか，人はどのように学び，新しい行動や知識を習得するのか，発達段階が異なる子ども（例えば児童と生徒の違い）で教え方や学び方にどのような違いがあるのかなど，理論的な背景から理解していくことになる。またさらに理論的な事柄が実際の教育現場でどう活かされるのか，子どもの状態や理解度に対する具体的な捉え方など，実践的な面についても考えていく必要がある。そうなると，教育心理学は理論的で，実践的な面から成り立つ学問であるとも言えよう。教える側と学ぶ側，理論面と実践面と，それだけを考えても教育心理学が扱う範囲は広いことがわかる。

　本書はこれらの面を扱う土台として，「心身の発達」と「学習の過程」と2部構成にしている。この2つは文部科学省から示された「教職課程コアカリキュラム」に沿っている（囲み参照）。発達と学習は相互に作用し，子どもの年齢

によって教育内容は異なること，さらに年齢に応じた有効な教え方や学び方があることはイメージできるであろう。教師の使う言葉や教え方が子どもに理解できるものでなければ，その教育は何の学びにもつながらないことが起こりうる。

1）心身の発達

　心理学で言う発達とは，時間にともなう心身の変化のことで，最近では生涯発達の視点から「人間の誕生（受精）から死にいたるまでの心身の変化」と定義されている。類似の概念として「成長」という言葉があるが，これはどちらかと言えば年齢にともなって生じる身体的・生理的変化といった量的変化を指していて，それに対して「発達」とは言語獲得や認知発達など質的変化を指している。

　発達を学ぶ意義として，まず「何歳で〜ができるようになる」「何歳で〜という課題に向き合う」など，人の発達に関する物差しをもつことが可能になることが挙げられる。人を教える際に重要なことは相手をよく知ることである。発達の物差しをもつことによって，教える側が，その対象となる相手の状態を客観的に理解し，その状態に合った教育を行っていくことが可能になる。さらに，発達の物差しをもつことは，次の発達段階を見据えた適切な介入についても想定しやすくなるであろう。また教育現場にはさまざまな子どもがいる。発達を知ることを通して，個人差や個性について考えていくきっかけにもなろう。個性に応じた教え方，また基準的な発達に沿わない子どもに合った支援を的確に提供することは教師の専門性として求められていることでもある。

　本書では発達について，認知面（人が外界にある対象を理解し，判断，解釈する過程），社会性（その社会の文化や生活習慣，円滑な人間関係を身につけること）を，幼児期から青年期を中心に幅広く学べるようになっている。子ども（学ぶ側）の特徴をよく把握し，年齢に即した教育について考えてもらいたい。

2）学習の過程

　人が学ぶという面を心理学では「学習」と言う。学習とは「経験による比較的永続的な行動の変容」，あるいは「知識の獲得と習得」と捉えられている。

　「経験による行動の変容」は，何かを経験することで，今までとは異なる行動を獲得し，その行動が長く続くことを指している。人は経験から学習する能

力をもつことで，ある特定の環境に適応し，そこで獲得した行動を，さらに次に生じた新たな環境に活かし，変化に対応しながら生き延びてきている。この分野でよく取りあげられる学習として「条件づけ」がある。条件づけは刺激に対して反応する（例えば食べ物を見ると唾液がでる／褒められるからお手伝いをする）といった刺激と反応の連合で行動を捉える考え方であり，学習における行動の習得として基本的な形態であると考えられている。本書でもこれらの条件づけについては詳細を扱っている。これ以外にも行動の習得には他者を観察することで新たな行動を習得する「観察学習」などがある。

　一方で，「知識の獲得と習得」は，日常生活で生じる学習を指しており，広く捉えれば教育現場での教科学習も含まれる。ここでは学習を人の認知面から捉え，言語や知識の獲得，その活用，そして理解や問題解決の過程など，脳機能を含めた学習のメカニズムを解明することに主眼を置いている。もちろんこういった知識の獲得や活用がうまくできる人とできない人の個人差のメカニズムを明らかにすることも目的としている。情報処理理論など，人の認知処理を基礎とした個人の行動の解明は現在盛んに行われている分野である。

　また，意図的な学習を支えるやる気や学習意欲は「動機づけ」と言われ，子どもが学びや学習に向かう気持ちを左右する。教師にとっては，どんな場面でも，まず子どものやる気を引き出していくことが重要な課題となろう。子どものやる気の高低は何から生じるのか，またやる気を起こす授業や教師のリーダーシップのあり方についても考えたい課題である。

　本書では，学習について基礎的理論から実践まで広く取りあげ，教育現場で十分に対応できるようにしている。子どもの学びが深くなるための有効で実践的な教師のあり方について考えてもらいたい。

教職課程コアカリキュラム

　教員職員免許状（教員免許）取得に必要な科目・単位は，教育職員免許法，同施行規則にて決められている。その教育職員免許法が約 20 年ぶりに改正され，2019年度より新しい課程が始まっている。時代とともに社会も，そこに育つ児童生徒の

状況も変化することを考えれば，時代に応じた改正は当然のことと言える。今回の改正により教職課程で履修すべき事項が現代に見合うものに見直されたとともに，学修内容については「教職課程コアカリキュラム」が示された。

　大学教育におけるコアカリキュラムは，医学，歯学教育において，2001 年に文部科学省の委員会から「教育モデル・コア・カリキュラム」として公表されている。そこでは「医師として求められる基本的な資質能力」として卒業時までに医学部・医科大学（歯学部・歯科大学）で共通に学ぶべき学修内容を体系的に整理，提示している。こういったモデル・コアカリキュラムはすでに薬学・獣医学・看護学等で示されている。

　教職課程でのコアカリキュラムは，これらのモデル・コアカリキュラムと同様に，すべての大学の教職課程で共通に修得すべき資質能力を明確化し，教員養成の全国的な水準を確保することを目的としている（現在は教職科目のすべてではなく，新課程以前の旧課程における「教職に関する科目」のみ作成されている）。コアカリキュラムでは，「全体目標」（履修することによって学生が修得する資質能力の全般を示す），「一般目標」（全体目標をまとまりごとに分化させた内容を示す），「到達目標」（学生が一般目標に到達するために達成すべき個々の基準を示す）の 3 つの目標から目指すべく学習内容が提示されている。

　新課程において，教育心理学に関連する科目は「教育の基礎的理解に関する科目」の「幼児，児童及び生徒の心身の発達及び学習の過程」に含まれている。この科目で提示されたコアカリキュラムの内容を表に示す（教職課程コアカリキュラムの在

表　幼児，児童及び生徒の心身の発達及び学習の過程

全体目標	幼児，児童及び生徒の心身の発達及び学習の過程について，基礎的な知識を身につけ，各発達段階における心理的特性を踏まえた学習活動を支える指導の基礎となる考え方を理解する。

(1) 幼児，児童及び生徒の心身の発達の過程
一般目標：幼児，児童及び生徒の心身の発達の過程及び特徴を理解する。
到達目標：1）幼児，児童及び生徒の心身の発達に対する外的及び内的要因の相互作用，発達に関する代表的理論を踏まえ，発達の概念及び教育における発達理解の意義を理解している。
　　　　　2）乳幼児期から青年期の各時期における運動発達・言語発達・認知発達・社会性の発達について，その具体的な内容を理解している。

(2) 幼児，児童及び生徒の学習の過程
一般目標：幼児，児童及び生徒の学習に関する基礎的知識を身に付け，発達を踏まえた学習を支える指導について基礎的な考え方を理解する。
到達目標：1）様々な学習の形態や概念及びその過程を説明する代表的理論の基礎を理解している。
　　　　　2）主体的学習を支える動機づけ・集団づくり・学習評価の在り方について，発達の特徴と関連付けて理解している。
　　　　　3）幼児，児童及び生徒の心身の発達を踏まえ，主体的な学習活動を支える指導の基礎となる考え方を理解する。

り方に関する検討会，2017）。ここでは学習すべき内容が幼児，児童及び生徒の「心身の発達課程」と「学習の課程」の2つに分類されている（したがって本書においても，全体を「Ⅰ：心身の発達」，「Ⅱ：学習の過程」と2部構成とした）。全体目標に書かれているとおり「各発達段階における心理的特性を踏まえた学習活動を支える指導の基礎となる考え方を理解する」ことが目標となる。

　教職課程コアカリキュラムの在り方に関する検討会（2017）が示すには，教職課程においては，コアカリキュラムにおいて定められた内容を学生に修得させたうえで，加えて，地域や学校現場のニーズに対応した教育内容や，大学の自主性や独自性を発揮した教育内容を修得させることが求められている。

■引用文献

教職課程コアカリキュラムの在り方に関する検討会（2017）．教職課程コアカリキュラム文部科学省 https://www.mext.go.jp/component/b_menu/shingi/toushin/__icsFiles/afieldfile/2017/11/27/1398442_1_3.pdf（2019年9月15日）

2. 教育心理学の方法

　心理学はこころを科学的に検討する学問であり，ヒトのこころという目に見えないものを実証的に検討するにあたり，さまざまな研究法を開発してきた。これらの方法は，私たちが目の前の子どもを理解したいと願うときにも一助となると考えられる。例えば，私たちは子どもたちと関わる日常生活のなかで，子どもの学習理解を促進する教授法は何だろうか，子どもが考えていることをどのようにしたら知ることができるか，どうすれば子ども同士のいざこざを解決できるかなどさまざまなリサーチクエスチョンをもつ。それらはどのように明らかにすることができるのであろうか。以下では心理学研究法のなかから，観察法，実験法，質問紙法，面接法，検査法，アクションリサーチを取りあげ，それらの研究法の特徴について述べる。

(1)（教育）心理学の研究方法

1）観 察 法

　観察法とは研究対象を直接捉え，その結果を言語や数値といった形で記録して分析する方法の総称である。研究目的と対象がはっきりしている場合には組

織的観察が用いられる。

　例えば，小学校の授業を観察する場合，観察者は該当するクラスに入り，教室後方において，観察ノートをもち，教師の発問や子どもの反応を書き留めていく。組織的観察を行っている場合には，研究目的に照らした教師や子どもの発話や行動を拾い上げていくことになる。観察の実施にあたっては，あらかじめ，どの行動を見たいかを検討し（見たい行動をチェックリスト化しておくのも 1 つの方法である），定義づけておくことは重要である。同時に，教室後方に観察用のビデオを複数台設置させてもらうことにより，後日，観察ノートを補完することが可能になる場合もある。

　観察法の長所は対象者の日常生活の自然な行動を反映することができる点にある。また，言語能力が未発達な子どもの行動を把握したり，言語を多く使用する発達年齢の子どもを対象としたりする調査では有効である。その一方で，言語化をためらう（あえて発話を行わない）発達年齢（例えば, 思春期に相当）などを対象とした調査で言語産出に依存した観察のみを使用することは適切ではないと思われる。さらに，場合によっては観察をしていても，観察対象となる行動が生じなかったり，それが生じるまでに時間がかかったりすることもある。例えば，子どものいざこざ解決場面を検討したいと思っても，それが確実に目の前で生じるとは限らない。また，いざこざ解決の前には必ずいざこざが生じることから，仮に，それが偶然目の前で生じたとしても，それをただ見ていることが倫理的に許されるかといった問題も生じる。そして，どんなに目立たないようにしても，観察者がいることにより対象者への行動に及ぼす影響が存在する。よって，観察においてはいかにそれを低減できるかも大切になる。

2 ）実 験 法

　心理学における実験法とは行動を引き起こす条件を明確にし，条件と行動の関数関係を定立するために人為的条件を設定して，観察，記録，測定することである。研究対象となる現象はさまざまな要因の影響の結果として生じるもの（従属変数）であり，その現象が生じる原因となると思われるさまざまな要因（独立変数）が仮定される。実験者が操作するこれらの変数の他に従属変数に影響を及ぼすものとして交絡変数があり，その影響を排除することが重要である。

　実験法を用いた例として，中学生に対して従来からの英語教授法（英語を声

に出して読む）Ａと新規に開発した英語教授法（ネイティブの英語を聞いて声に出して読む）Ｂのどちらの教授法の教育効果が高いかを実証的に検討したいと考える場合が挙げられる。この際，教授法Ａ，教授法Ｂは独立変数として考えることができる。一方，それらの教授法を用いて学習した成果を測定したテストの得点が従属変数となる。

　このように実験法は条件を人為的に操作し，条件と行動の因果関係を明らかにすることが可能である点が長所である。しかし，先に述べた通り，他の要因が従属変数に影響を与えている可能性が残されることがあるため，交絡要因について十分に考慮することが求められる。また，たとえ知りたいと願う条件があったとしても場合によっては倫理的に許されないこともある（例えば，より発達が促進される教授法が存在するとして，一方の条件に良い発達が促される教授法を提供し，他方の条件により発達が促進されない教授法を提供するとすれば倫理的にも問題である）。

3）調　査　法

　調査法はさまざまなところで用いられており，アンケート調査と聞けば，経験したことがあるという読者も多いだろう。心理学では質問紙法と呼ばれることも多く，紙と鉛筆のみがあれば行える方法として幅広く使用される。質問紙には基本的には文章と回答形式が提示されており，選択肢のなかからあてはまるものを選んだり，自由記述をしたりすることにより，対象者の意見，態度，行動などについて明らかにすることが可能である。現在は，紙媒体を用いた対面の集団実施による調査だけではなく，インターネット上で行われるWeb調査やWeb調査を行うことを仕事とする調査会社も存在する。いずれを利用するかは研究計画や予算による。

　質問紙法を実施する際には心理尺度と呼ばれる，ヒトのこころの構成概念を測定することが可能なすでに開発された尺度を使用することも多い。すでに開発されている尺度は心理学において重要な「信頼性」（測定したいものをブレなく測定できているか）と「妥当性」（測定したい内容が含まれているか）が客観的に検討されている。よって，子どものこころの発達を客観的に測定することが可能になる。例えば，表序-1は公共場面における行動基準を測定するために開発された心理尺度（永房ら，2012）であり，5つの下位尺度（自分本位，

表序 -1　心理尺度の一例（永房ら，2012）

以下の 25 個の文章をよく読んで，最も当てはまる番号（1 ～ 5）ひとつに○を付けてください。

		当てはまらない	あまり当てはまらない	どちらでもない	少し当てはまる	よく当てはまる
1	仲間と考えが違ったりしても，それぞれの意見を大切にする	1	2	3	4	5
2	多数の人の意見だけでなく，少数の意見にも耳を傾ける	1	2	3	4	5
3	どんな人に対してでも人権を尊重する	1	2	3	4	5
4	なるべく多くの人の立場を考えて行動する	1	2	3	4	5
5	みんなで話し合って決めたことは守らなければならない	1	2	3	4	5
6	人に怒られなければ何をしてもよいと思う	1	2	3	4	5
7	法律に違反さえしなければ，あとは個人の自由だ	1	2	3	4	5
8	何をしようが自分の勝手だと思う	1	2	3	4	5
9	悪いことをしても，バレなければよい	1	2	3	4	5
10	お金さえはらえば何をしても許される	1	2	3	4	5
11	世間から笑われるようなことだけはしたくない	1	2	3	4	5
12	周りから変な人と思われないように気をつけている	1	2	3	4	5
13	警察につかまったら，恥ずかしくて世の中に顔向けできない	1	2	3	4	5
14	何か問題をおこして近所の噂になるのは嫌だ	1	2	3	4	5
15	いつ誰が見ているか分からないので行動には気をつけたい	1	2	3	4	5
16	友だちがみんなで悪いことをしているのに自分だけ裏切れない	1	2	3	4	5
17	仲間はずれになるくらいなら一緒に悪いことをしてしまう	1	2	3	4	5
18	悪いことでもみんなで一緒にやれば平気でできてしまう	1	2	3	4	5
19	仲間がみんなやっているのに自分だけやらないのは恥ずかしい	1	2	3	4	5
20	友だちのみんながやっていることに乗り遅れたくない	1	2	3	4	5
21	他人に迷惑がかかりそうなら身勝手な行動は慎む	1	2	3	4	5
22	自分が誰かの迷惑になっていないか常に気を遣う	1	2	3	4	5
23	人に迷惑になるかどうかを，まず第一に考えて行動すべき	1	2	3	4	5
24	見知らぬ人に対してでも相手の立場になって考える	1	2	3	4	5
25	大勢の人がいる場所ではお互い同士もっと気を遣うべき	1	2	3	4	5

仲間的セケン，地域的セケン，他者配慮，公共利益）得点を測定することができる。

　質問紙法の長所は一度に多くの人に実施することが可能な点である。紙と鉛筆さえあれば行える方法であるため，学校場面での集団実施にも適している。しかし，読み書き能力が未発達であったり，細かい字を読むことが難しかったりする世代には適切な方法とは言えない。

4）検 査 法

　検査法とは個人に対して課題を与え，それらに対する回答や反応をもとに，個人の心理的特性（知的能力，学力，性格など）を数値で表現する組織的かつ系統的な収集法である。標準化テストとは問題の呈示法や手順，協力者の回答方法がいつの検査時も一定になるように厳密に規定されており，個人の検査結果は尺度作成に用いられた基準集団に照らしてそのなかで位置づけられるように作成される。その詳細については3章を参照されたい。

5）面 接 法

　面接法とは面接者と被面接者により対面で行われるものであり，インタビュー法とも呼ばれる。対面で行われるため，被面接者の内面や深層をより深く掘り下げて理解することが可能であると考えられる。その前提として，面接者と被面接者の間にラ・ポール（信頼関係）が形成されていることが期待される。面接の進め方には，どの被面接者にも同じ質問を行い面接を進める構造化面接と，面接の進捗に従い，同じ質問だけではなく，被面接者の回答により柔軟に質問を行って面接を進める半構造化面接などがある。これらは面接の目的により，使い分けられる。

6）アクションリサーチ

　アクションリサーチとは，現実場面を観察し，そこから理論的検討課題を取り出して仮説化し，実証的検討を加え，得られた知見を再度現実場面に持ち帰り，現実の問題解決に役立てる方法である。あるいは，現場での検証を行って，さらに理論的検討を要する課題を見出す方法である。

　学校場面では授業者と観察者あるいは研究者が一緒に授業場面に参加し，授業者は授業を行い，その他の観察者はそれを見ながら課題点を探るという方法で行われることも多い。そして，授業後に授業者と観察者で授業検討会を行い，

さらに課題や改善点が見つかればそれを修正する。そして，その次の授業で改善していくというプロセスであり，そのプロセスは繰り返される。

　以上で述べてきたように，私たちはヒトのこころを理解するために，さまざまな心理学研究法を用いている。いずれの方法にも長所があれば短所もある。よって，それぞれの研究法の長所を最大限に生かし，短所を限りなく最小化できるように研究法を組み合わせることにより，より網羅的にヒトのこころを捉え，適切に教育場面に活かしていくことができると考えられる。

■引用文献

永房典之・菅原健介・佐々木淳・藤澤文・薊理津子（2012）．厚生施設入所児の公衆場面における行動基準に関する研究　心理学研究，*83*，470-478.

Ⅰ 心身の発達

第 **1** 章　認知の発達

　子どもたちは日々，自分の知識を使って，この世界について主体的に学び，理解しようとしている。本章では，そのような子どもの姿の背景にある，認知発達について解説する。認知とは，知覚・記憶・思考・推論・学習などの，私たちヒトが外部の世界を知るためのこころの働き全般を指す。つまり，認知発達とは，子どもが自分をとりまく世界をどのように学び，知っていくのか，そして子どもから大人になるにつれて，世界を知るための方法や内容が変化する（あるいは変化しない）過程を意味している。

　本章では，乳幼児期や児童期を中心に認知発達がどのように生じるのかを説明していく。まず，認知の発達全般を理解するための基本となるピアジェの理論を学ぶ。また，その後の研究展開として，ピアジェの想定以上に子どもたちが認知的な有能性をもつこと（領域固有性）や，子どもの認知を情報処理という観点から説明するアプローチについて学ぶ。最後に，それらの認知発達を支える基盤（実行機能）について学ぶ。

1.　ピアジェの認知発達の理論

　ピアジェ（Piaget, J.）は，「子ども自身が能動的に認知をつくりあげていく」という構成主義的な立場から，認知発達の理論を提唱した。彼の理論では，認知の発達は「感覚運動期」「前操作期」「具体的操作期」「形式的操作期」の大きく4つの段階に分けられる。感覚運動期は乳児期から幼児期（0～2歳），前操作期は幼児期から小学校低学年（2～7・8歳），具体的操作期は小学校低学年から高学年（7・8～11・12歳），形式的操作期は小学校高学年（11・12歳）以降にあたる。ここではまず，ピアジェの考える発達段階に基づいて，それぞ

れの時期の認知の特徴を紹介していく。その後，その発達を生じさせるメカニズムについて説明する。

(1) ピアジェ理論における認知発達の段階

1) 感覚運動期の認知の特徴

　感覚運動期の子どもは，見る・聞くといった感覚や自らの身体を使った運動を通して，外界の物事を認識し，認知を発達させていく。一例として，この段階を通して，対象の永続性の概念が獲得されていく。対象の永続性とは「対象が見えなくなっても，同一の実体として存在し続けることの理解」であり，内的なイメージ（表象）の表れの1つである。例えば，乳児に面白そうな玩具を見せ，乳児が手を伸ばしてきたら，その玩具に布をかぶせて隠してしまう。すると，8〜9か月以前の乳児は隠された玩具を探そうとせず，なくなってしまったかのように振る舞う。この後，2歳ごろまでには隠された玩具であっても探し出せるようになる。

2) 前操作期の認知の特徴

　前操作期になると，子どもは心的なイメージや言語を使用して思考できるようになる。しかしながら，それらの思考は自己中心性（あるいは中心化傾向）によって特徴づけられている。自己中心性とは，「自分の行為と他者／物の行為／活動，あるいは自分の視点と他者の視点が十分に分離できず，自分という1つの視点から物事を捉えてしまう傾向」のことである。

　ピアジェとイネルデ（Piaget & Inhelder, 1956）は，この子どもの自己中心性を「3つの山問題」を使って示した。3つの山問題では，子どもに図1-1左側のような模型を提示し，子どもをある面（例：A側）に座らせる。その後，人形を子どもの反対側（例：C側）に置き，その人形から山がどのように見えるかを，模型をさまざまな側面から模写した絵（例：図1-1右側）の中から選択させる。すると，前操作期の子どもは自分の位置からの見え方と一致する絵を選ぶが，具体的操作期の始まりにあたる7歳ごろから徐々に正しく選択できるようになる。このように，前操作期の子どもは自他の視点をうまく切り離すことができず，他者の視点も自分の視点から考えてしまうという特徴をもっている。その一方で，次の具体的操作期の子どもは自己中心性から離れ，多様な

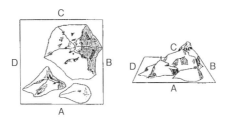

図 1-1　3つの山問題の模型図（Piaget & Inhelder, 1956 より引用）

図 1-2　数の保存課題の凡例（Piaget, 1970 中垣訳 2007 をもとに作成）

側面を考慮できる，つまり脱中心化して思考できるようになっていく。

　また，この自己中心性が影響する事柄の1つとして，保存概念がある。保存概念とは，「対象の形や状態を変形させても，対象の数量といった性質は変化しない」という概念のことである。例えば，子どもに2列（列A・列B）に並べた同じ数のおはじきを見せ，両列のおはじきが同数であるかを尋ねる（図1-2）。その後，子どもの目の前で列Bのおはじきの間隔を広げ，再度，同数であるかを尋ねる。すると，3～4歳児は間隔の広くなった列（列B）が多いと答える傾向がある。間隔を広げることにより，列全体の長さが長くなるため，「長い」という視覚的情報に引きずられ，論理的に回答できなくなってしまうのである。同様の現象は，液量や長さなどに関する保存課題でも見られる。このように，ある事物の目立つ次元だけに注目することも，1つの視点からしか物事を見ることができないという自己中心性の一側面を表している。

3）具体的操作期の認知の特徴

　具体的操作期になると，子どもは脱中心化された思考や，具体的な事柄に関しては論理的な思考ができるようになる。例えば，この段階では前述の保存概念が獲得される。この他にも，分類（例：包含関係の理解）や系列化（例：空間・時間の相対的な関係の理解）に関する思考が洗練されていく。例えば，「タンポポ（集合A）が5本，チューリップ（集合B）が3本あります。タンポポと花全部（集合A＋集合B），どちらが多いですか？」という問題に正答する

には，「それぞれの集合は全体集合の一部である」という包含関係を理解していなければならない。このような問題に対し，前操作期の子どもは誤った回答（例：単純に集合Aと集合Bを比べる）をするが，具体的操作期の子どもは正しく回答できるようになる。

　このように，具体的操作期に至ると，子どもたちはより広い視点からさまざまな思考ができるようになっていく。しかし，これらの思考は直接目に見えて手で触れられるような具体物や，直接イメージできる事柄に対しては可能だが，具体的でない抽象的な事柄に関する思考は，いまだ困難さをもつ時期でもある。

4）形式的操作期の認知の特徴

　形式的操作期になると，具体的な事柄だけでなく，記号・数字などの抽象的な事柄や事実に反する事柄に関して論理的に思考できるようになる（5章も参照）。また，前提に基づいた演繹的な思考（後述）や，さまざまな複数の可能性（仮説）を考慮した思考（組み合わせ思考など）も可能となる。例えば，フラスコに入った無色透明の4種類の液体と，それとは別のgと呼ばれる液体を提示し，それらの液体をどのように組み合わせれば黄色に変化するかを子どもに求めたとする。すると，具体的操作期の子どもはすべての組み合わせを考えることができなかったり，計画的に調べることができない。それに対して，形式的操作期の子どもはすべての可能な組み合わせを考え，計画的に調べることができるようになっている。

(2) ピアジェ理論における認知発達のメカニズム

　ピアジェは「シェマ」，「同化」，「調節」という概念を用いて，発達のメカニズムを説明している（Piaget, 1970）。シェマとは「外部の事物・事象を理解する際に用いられる一定の枠組み」，同化は「外部の事物・事象を自分のシェマに適するように取り入れること」，調節は「外部の事物・事象に適するように自分のシェマを作り変えること」である。例えば，「医者はみんな男性である」というシェマ（枠組み）をもっているA君が，友達から「僕のお母さんはお医者さんだよ」と言われたとする。この発言は，A君のもっているシェマ（枠組み）と認知的葛藤（矛盾）を生じさせる。このような場合，A君は友達の発言を自分のシェマに合うように同化する（例：「友達のお母さんは女だから

お医者さんではない。本当は看護師さんだろう」と解釈する）かもしれない。
あるいは，友達の発言の後，病院で実際に医者として働いている友達の母親を
見て，その事実に合わせて自分のシェマを調節する（例：「お医者さんには男
も女もいる」と解釈する）かもしれない。このように，さまざまな認知的葛藤
を経験し，シェマの同化・調節が繰り返されること（これを「均衡化」と呼ぶ）
によって新しいシェマが獲得される，つまり認知の発達が生じるとピアジェは
考えている（6章も参照）。

2. ピアジェ理論への反証

　ピアジェの認知発達に関する理論は，認知発達のメカニズムやその過程を体
系的に説明したという点で有益なものであり，現在でも影響力をもつグランド・
セオリーの1つである。しかしながら，その後の研究では，ピアジェ理論での
問題点も指摘されている。

(1) 青年・成人における非論理性・非合理性
　ピアジェ理論によれば，形式的操作期にある成人は抽象的な思考も可能であ
り，論理的あるいは合理的に物事を考え，判断できるように見える。しかしな
がら，形式的操作期にある成人であっても，必ずしも論理的・合理的な思考や
判断を行っているわけではない（e.g., Ariely, 2008）。実際，ピアジェによって
「形式的操作期であれば遂行できる」と想定された課題でも，中学生や高校生
がすべての課題に正答できるわけではない（Martorano, 1977）。つまり，ピア
ジェは12歳以降の思考の発達を過大に評価していた。
　その一例として，ここでは「ある情報（前提命題）に基づいて論理的に正し
い結論を導き出す」といった演繹的思考の発達について見ていく。石田（1980）
は，小学3年生〜大学生を対象に，因果関係（例：もし大雪が降れば，必ず汽
車は遅れる）・一般的事実（例：もし猫ならば，必ず四本足である）・恣意的（も
し火曜日ならば，必ずテストがある）・反経験（例：もし犬ならば，必ず三本
足である）・記号（もしXであれば，必ずYである）といったさまざまな内容
のif-then形式の前提に基づいて結論を導く課題を実施した。また，この課題

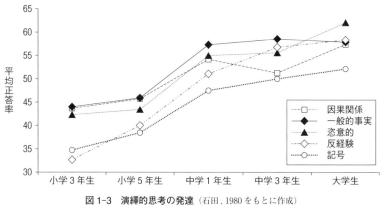

図 1-3　演繹的思考の発達（石田，1980 をもとに作成）

では単一の結論を導ける形式（結論確定）と導けない形式（結論不定）の2つ
の推論形式があった。この結果（図 1-3），低年齢の子どもほど，反経験的な
内容・記号的な内容に困難さをもつようであった。また推論形式に関して，結
論確定の遂行（正答率：小 3 =75％，小 5 =71％，中 1 =83％，中 3 =82％，大
学生 =81％）はいずれの学年でも良かったが，結論不定の遂行（正答率：小
3 = 4 ％，小 5 =15％，中 1 =23％，中 3 =27％，大学生 =34％）は年齢にとも
なう向上は見られるものの，中学生や大学生でも遂行に対する困難さを示した。
　このように，成人でもコンピュータのように論理的・合理的に思考できるわ
けではない。また，認知・思考の発達には文化や学校教育が大きく影響してい
る。例えば，学校教育を受けていない成人は，単純な構造の三段論法であって
も，その内容が彼らの経験に反する場合（例：雪が降る極北では，すべての熊
は白い⇒ノバヤゼムリアは極北にある⇒そこにいる熊は白いか？），正しい結
論を導くことに困難さを示す（Luria, 1976）。しかし，数年間でも学校教育を
受けていた成人は，同じ形式の三段論法を正しく遂行できる（Scribner &
Cole, 1981）。認知・思考の発達には生物学的な成熟だけでなく，文化や学校教
育といった環境的要因も重要な役割を果たしているのである。

(2) 乳幼児のもつ認知能力の過小評価

　ピアジェ理論に従えば，乳幼児期の子どもたちは「保存概念をもたない」「他

者の視点を理解できない」など，あまり論理的でないように見える（他者視点については4章参照）。しかしながら，その後の研究によって，子どもたちの論理的でない反応が質問の仕方や課題内容によって生じていた可能性（実験紹介Aを参照）や，日常的な内容・状況であれば，子どもたちがより高度な認知能力を示すことが明らかにされている。

　例えば，前述のように，幼児や児童は自分の経験に反する内容について演繹的に思考することに困難さを示す。しかし，「これから違う星にいるふりをする」といった遊びの文脈のなかでなら，幼児は自分の経験・知識に縛られず，演繹的に思考することができる（中道，2006）。また，子どもたちは遊びの文脈でなら，通常よりも自己を制御することができる。例えば，3〜7歳の子どもに，次の3つの文脈のいずれかで「できる限り長く，動かずに立っている」ことを求める：①特定の文脈もなく，一人の部屋で行う，②「番兵になる」という遊び文脈で，一人の部屋で行う，③「番兵になる」という文脈で，他の子も遊んでいる部屋で行う（Karpov, 2005）。すると，子どもたちは3番目の文脈において，もっとも長く立っていることができる。

　子どもの認知発達を理解するためには，単純に1つの状況のみで判断するのではなく，その課題が子どもの日常生活に見合った内容であるかを考慮したり，さまざまな状況での子どもの認知能力を踏まえる必要がある。言い換えれば，ピアジェは乳幼児のもつ能力を過小評価しており，ピアジェ理論において想定される以上に，乳幼児は認知的な有能性を有している。続く節では，このような子どもたちの有能性に関わる研究や，ピアジェ理論以降の認知発達の理論について紹介していく。

実験紹介A　偶発的な保存課題（いたずらなクマの実験）
McGarrigle & Donaldson（1975）

　ピアジェ（Piaget, 1952）の保存課題は，実験者が並んだコインを動かし，この操作の前後にコインが同数であるかを尋ねるものであった。この手続きが，子どもに「実験者の非言語的な振る舞い（コインを動かす行為）に何か意味がある」と考えさせ，2度目の質問の解釈を誤解させた可能性があった。そこで本研究では，実験者ではなくクマの人形がいたずらをして偶然コインの並びが変わる保存課題を用

い，子どもの保存課題の遂行を調べた。もし実験者がコインを動かして変形させるという手続きが子どもの質問の解釈に影響しているのであれば，いたずらなクマの課題では子どもの保存課題の成績は向上すると予測される。

　方法　4-5歳の子ども（80名）に，従来の保存課題といたずらなクマの課題を実施した。従来の保存課題では，実験者がコインを動かす操作の前後に「どちらが多い？」と質問した。いたずらなクマの課題では，「まあ，見て！　いたずらなクマがゲームを台無しにしようとしている！」と教示し，実験者が操るクマの人形がコインを動かした。クマの操作の前後に「どちらが多い？」と質問した。参加児を2群に分け，従来の課題といたずらなクマの課題の提示順序を入れ替えて実施した。

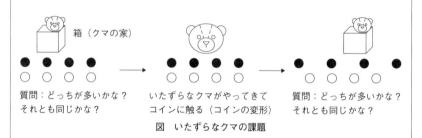

質問：どっちが多いかな？　　いたずらなクマがやってきて　　質問：どっちが多いかな？
それとも同じかな？　　　　　コインに触る（コインの変形）　それとも同じかな？

図　いたずらなクマの課題

　結果　従来の保存課題に比べ，いたずらなクマの課題で正答した子どもの数は多くなった。全体での平均正答率は，従来の保存課題で33.7%，いたずらなクマの課題で71.9%であった。特に，先にいたずらなクマの課題を行った群は，いたずらなクマの課題で高い正答率（86.9%）を示した。

　考察　「いたずらなクマがコインを動かす」といった，偶然コインの並びが変わる状況では，4-5歳児の多くが保存課題に正答できた。このことから，「実験者がコインを変形する」という従来の保存課題の手続きは，子どもの質問の解釈に影響し，子どもの保存概念の能力を過小評価していることが示唆された。

3.　認知発達の領域固有性

（1）認知発達における領域一般性と領域固有性

　ピアジェは発達段階があがることによって，その領域・内容に関係なく，全般的に同じように認知発達が進むと考えていた。このような考え方を「発達の領域一般性」と呼ぶ。これに対して，認知発達の進み方がそれぞれの領域・内容によって異なるという考え方を「発達の領域固有性」と呼ぶ。

　ピアジェの研究以降，子どもたちが特定の領域でなら優れた遂行を示すと

いった，認知発達の領域固有性が示されてきた。例えば，ある研究（Chi, 1978）では，チェスあるいは数列を使った課題を用いて，チェスに熟達した子どもとチェスの素人の大人の記憶力の違いを調べた。チェス課題では，ゲーム中盤の駒の配置（平均22駒）を10秒間で覚えてもらった。同様に，数列課題では実験者が10桁の数列を読み上げ，その数列を覚えてもらった。すると，チェス課題では，熟達者の子ども（9.3個）が素人の大人（5.9個）より多くの駒の配置を覚えていたが，数列課題では，素人の大人（7.8個）が熟達者の子ども（6.1個）より多くの数を覚えていた。このように，認知発達の進み方は領域によって異なるのである。

(2) 早期からの領域固有な知識

　ヒトが生存するうえで重要と考えられる領域（物理，心理，生物，など）に関して，人生早期から子どもたちは領域固有な知識をもっている。例えば，6か月児であっても物理的に起こりえない出来事（例：物体が壁を通り抜ける）を理解し，18か月児は他者の好みへの理解（例：自分は嫌いでも，相手が好きな食べ物を渡す）を示す。これらの領域での知識は断片的な知識の集合ではなく，個々の知識が相互に関連づけられているなどの特徴をもつ体系的な知識であることから，「素朴理論」と呼ばれる（Wellman & Gelman, 1992）。

　この乳幼児期の素朴理論に関して，1990年代以降に盛んに行われてきたのが「心の理論」（素朴心理学）に関する研究である。私たちは直接的には観察できない他者の意図・知識・信念などの心的状態に基づいて，他者の行動を予測したりする。このような，他者の心的状態に基づいて行動を予測する枠組みは「心の理論」と呼ばれる。幼児期の心の理論は，主に誤信念課題（実験紹介Bを参照）によって測定されており，4歳ごろを境に心の理論が獲得されることが示されている（Wellman et al., 2001）。

　また，子どもたちが有する領域固有の知識や素朴理論のなかでも，物体の表象・行為・数量・空間などのいくつかの領域に関する知識は，進化の過程で獲得された生得的なシステム（コア知識）であるとも主張されている（Spelke & Kinzler, 2007）。例えば，乳児であっても「1＋1＝2」「2－1＝1」などの簡単な加算・減算を理解し，大きな数での概算もできるようである。さらに，こ

の数量に関するコア知識は，後の数量概念の発達の基礎を形成している可能性が示されている（Halberda et al., 2008）。

　もちろん，乳幼児のもつ領域固有の知識や素朴理論は，その内容が常に正しいとは限らない。例えば，稲垣・波多野（2005）は幼児・児童や成人を対象に，

実験紹介 B　信念についての信念（チョコレートはどこにある？）
Wimmer & Perner (1983)

　プレマックとウッドラフ（Premack & Woodruff, 1978）は，チンパンジーが「心の理論」をもつと主張した。しかし，心の理論をもつことを示すためには，「X が Y に変化したことを自分は知っているが，他者は知らない」という状況で「他者はまだ X だと思っている」ことを理解しているという事実を示す必要があるという指摘がなされた。この指摘を踏まえ，本研究では「予期せぬ移動課題」を用い，子どもが他者の誤信念を理解しているかを調べた。

　方法　4-9 歳の子どもに，2 つの物語を人形劇で提示した。例えば，「Maxi という男の子が母親の手伝いをして，チョコレートを青い棚（X）に入れる。Maxi が外で遊んでいる間に，母親がチョコレートを緑の棚（Y）に移す（予期せぬ移動）。母親が買物に出かけ，Maxi が遊びから戻ってくる。Maxi はチョコレートを食べたい」という物語であった。物語の後，参加児に「Maxi がチョコレートを探すのはどこか（信念質問）」と尋ねた。さらに，物語の続きとして，他者に協力を求める状況（協力条件：〈例〉祖父にチョコレートを取ってもらう），あるいは，他者を欺く状況（競争条件：〈例〉兄がチョコレートを見つけないようにする）のいずれかを提示した。そして，それぞれの状況を提示した後，参加児に「Maxi はチョコレートがどこにあると言うか（発話質問）」，次に「本当は，チョコレートはどこにあるか（本当質問）」，そして「最初に Maxi がチョコレートを入れたのはどこか（記憶質問）」を尋ねた。

　結果　信念質問では，4-5 歳児の半数が「Y を探す」と誤答した一方，6 歳以上では 90% 以上が「X を探す」と正答した。信念質問に誤答した参加児の 80% は本当質問と記憶質問に正答しており，信念質問での誤答は実際のチョコレートの場所を覚えていないことが原因ではなかった。また，発話質問について，信念質問に誤答した参加児のほとんどは，協力条件・競争条件のいずれでも「Maxi は『チョコレートは Y にある』と言う」と答えた一方で，信念質問に正答した参加児の 80% 以上は，協力条件では「『X にある』と言う」，競争条件では「『Y または Z（X でも Y でもない別の場所）にある』と言う」と答えた。つまり，他者の誤信念を理解できた子どもは，主人公 Maxi の信念に合わせて，協力条件・競争条件を区別した発話内容を構成できた。

　考察　他の実験の結果も踏まえると誤信念の理解は 4-6 歳にかけて発達し，6 歳ごろまでにほとんどの子どもが正しく理解できるようになることが示された。

摂食や呼吸などの身体現象が生じる理由を尋ねた（例：私たちが毎日美味しい物を食べるのは，どうしてだと思いますか？）。すると，児童や成人は「身体現象は生理学的メカニズムによって生じる（例：胃や腸で食べ物の形を変えて，体に取り入れるため）」と考える。その一方で，幼児は「臓器による何らかの力のやりとりによって生じる（例：食べ物から元気が出る力をとるため）」といった，児童や成人とは異なる説明概念をもっていた。

　このように，成人がもつ科学理論と同一ではないにせよ，乳幼児は物理・心理・生物などのいくつかの領域に関して，彼らなりの知識をもっている。乳幼児が自分の知らない事柄に直面した場合にも，その領域固有の知識を適用することにより，その事柄に対する何らかの理解をもつことができるのである。

4. 認知発達への情報処理理論からのアプローチ

　ピアジェ理論以降に進められた研究展開の１つとして，成人の情報処理理論に基づいたアプローチがある。情報処理理論では，ヒトの認知機能を「外部から入力された情報が，どのように保持され，処理されるか」といった情報処理に関わる過程や能力の観点から捉えようとする。例えば，シーグラー（Siegler, 1996, 1999）は，認知発達を当該の領域でのより効果的な方略が形成・使用される過程と見なし，重複波理論（Overlapping waves theory）を提唱した。ある年齢の子どもは認知的な課題を解決するための複数の方略（図1-4の方略１～３）をもち，それらの方略のいずれかを用いて課題を解決しようとする。そして，年齢発達や経験にともない，ある方略の用いられる頻度が変化したり，新しい方略が形成・使用されるようになる（図1-4の方略４・５）ため，認知的な課題の遂行が変化するという考え方である。

　実際に，シーグラーは計算・読解・問題解決などのさまざまな領域に関して，方略の発達的変化を明らかにしている。その一例として，幼児～小学２年生にかけての数量の加算問題での方略変化について見ていく（Siegler, 1987）。表1-1は，加算問題を解決する際に用いられた方略の割合を示している。検索方略は，長期記憶から過去に行った計算の結果を引き出す方法である。最小方略は，加算対象となっている２つの数のうち，大きい数に小さい数を加える方法

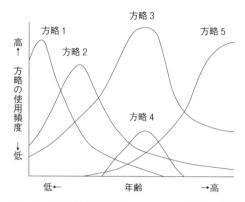

図 1-4　方略の重複波モデル（Siegler, 1999 をもとに作成）

表 1-1　年齢別の各方略使用の割合（%）（Siegler, 1987 をもとに作成）

	幼児	小 1	小 2	全体
検索	16	44	45	35
最小	30	38	40	36
分解	2	9	11	7
Count-all	22	1	0	8
推測・無反応	30	8	5	14

である（例：3 + 6 の場合，最初に 6 を選び，それに 3 を足す）。分解方略は，計算しやすいように数を分割する方法である（例：12 + 2 の場合に「12 は 10 と 2」→「2 と 2 で 4」→「10 と 4 で 14」と計算）。count-all 方略は，例えば「リンゴ 5 個とミカン 2 個，全部でいくつ？」という問題に対して，全体を数える方法である。推測は，明確にわからないまま答えを言うようなことである。表 1-1 が示すように，年齢発達にともなって検索方略や分解方略は増加し，count-all や推測といった方略は減少していく。このように，見かけ上は同じような回答でも，子どもはその問題の解決のための方略を発達的に変化させていくのである（記憶のメカニズムについては 8 章参照）。

5. 認知発達を支える基盤

(1) 実行機能とは

　ヒトの認知活動を支える基盤の 1 つが，実行機能である。実行機能は「ある目標を達成するために思考・行動を制御する能力」で，抑制制御・ワーキングメモリ（作動記憶）・シフティングの大きく 3 つの側面から構成される（e.g., 森口，2016）。抑制制御は「目標達成と関係のない不適切な情報や衝動的な反応を抑制する能力」，ワーキングメモリは「ある情報を処理しながら，必要な情報を覚えておく能力」，シフティングは「思考や行動を柔軟に切り替える能力」である。これら 3 つの側面は独立的ではなく，相互に関連しながら，実行機能を構成している。

　この実行機能は，子どもたちのさまざまな認知活動に関わる。例えば，前述の心の理論（Carlson et al., 2002）や演繹的思考（中道，2009）のためには，実行機能が必要とされる。また，5 〜 17 歳といった幅広い年齢範囲において，実行機能は学業達成と関連する（Best et al., 2011）。さらに，この実行機能は社会的な行動や適応にも関わっている。例えば，実行機能課題の成績の低さは，幼稚園・保育所での仲間関係の不和を生じさせる一因ともなっている（Nakamichi, 2017）。

(2) 幼少期の実行機能と後の適応

　近年，実行機能が注目されている理由の 1 つは，幼少期の実行機能が後の適応を予測することが示されているためである。例えば，ミシェル（Mischel, 2014 柴田訳 2015）は幼児を対象に，通称「マシュマロ・テスト」と呼ばれる実行機能課題を行った（3 章実験紹介 A 参照）。マシュマロ・テストでは，実験者は幼児の好きな菓子（例：マシュマロ 1 個）を机の上に置き，「私が戻ってくるまで待つことができれば，より良い報酬（例：マシュマロ 2 個）をもらえる」ことを幼児に伝えて退室した。このような状況に直面した幼児がどれくらい待つことができるのかを測定する課題であった。ある実験では，待つことのできた平均時間は幼児で 6 分 25 秒，小学 3 年生で 11 分 25 秒だった。特に

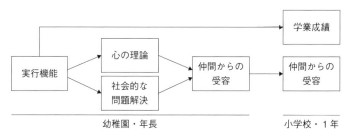

図 1-5　幼児期の実行機能が小学校 1 年生時点の学校適応に及ぼす影響
(Nakamichi et al., 2019 をもとに作成)

年少の子どもにとっては，目の前のお菓子を食べたいという欲求を制御することは困難なようであった。

　そしてミシェルは，このマシュマロ・テストに参加した幼児が成長して青年・成人になったときに，再度調査をした（Mischel, 2014 柴田訳 2015）。その結果，幼児期のマシュマロ・テストでの遂行は，青年期や成人期のさまざまな認知的・社会的な能力や適応状態を予測した。例えば，待つ時間の長かった人は時間の短かった人と比べて，米国の大学進学適性試験（SAT）において平均で 210 点高かった（国語・数学の 2 教科で 1,600 満点）。また，幼児期により長く待つことのできた人は，成人期での対人的問題が少ないこと，肥満指数が低いことなどが示されている。

　このミシェルの研究をはじめ，欧米の多くの研究が，幼児期の実行機能が後の適応に及ぼす影響を示している（e.g., Morgan et al., 2019）。日本でも，幼児期の実行機能が後の適応に及ぼす影響に関する研究が徐々に進められている。例えば，筆者らの研究では，幼稚園の年長時点での実行機能，心の理論能力，社会的な問題解決能力（対人場面において，その状況に適した行動を選択する能力）それぞれが，彼らの後の学業成績や仲間関係に及ぼす影響を検討している。小学校 1 年生までの関連を見ると（図 1-5），幼児期の実行機能は心の理論や社会的問題解決を介して，同時期の仲間関係の適応（仲間からの受容）を予測するとともに，小学 1 年生時点での学業成績を直接的に予測した（Nakamichi et al., 2019）。日本でも，幼児期の実行機能の能力はスクール・レディネス（学校適応を可能にする基本的な能力・スキル）の 1 つになっている。

■引用文献

Ariely, D. (2008). *Predictably irrational: The hidden forces that shape our decisions.* Harper Perennial.（熊谷淳子（訳）(2008). 予想どおりに不合理：行動経済学が明かす「あなたがそれを選ぶわけ」 早川書房）

Best, J. R., Miller, P. H., & Naglieri, J. A. (2011). Relations between executive function and academic achievement from ages 5 to 17 in a large, representative national sample. *Learning and Individual Differences, 21,* 327-336.

Carlson, S. M., Moses, L. J., & Breton, C. (2002). How specific is the relation between executive function and theory of mind? Contributions of inhibitory control and working memory. *Infant and Child Development, 110,* 73-92.

Chi, M. T. H. (1978). Knowledge structures and memory development. In R. S. Siegler (Ed.), *Children's thinking: What develops?* (pp. 73-96). Hillsdale, NJ: Lawrence Erlbaum Associates.

Halberda, J., Mazzocco, M. M. M., & Feigenson, L. (2008). Individual differences in nonverbal number acuity correlate with maths achievement. *Nature, 455,* 665-669.

Inagaki, K., & Hatano, G. (2002). *Young children's naïve thinking about the biological world.* Psychology Press.（稲垣佳世子・波多野誼余夫 (2005). 子どもの概念発達と変化─素朴生物学をめぐって 共立出版）

石田裕久 (1980). 条件推理能力の発達に関する研究 教育心理学研究, *28,* 152-161.

Karpov, Y. V. (2005). *The neo-Vygotskian approach to child development.* New York: Cambridge University Press.

Luria, A. R. (1976). *Cognitive development: Its cultural and social foundations.* Cambridge: Harvard University Press.

Martorano, S. C. (1977). A developmental analysis of performance on Piaget's formal operations tasks. *Developmental Psychology, 13,* 666-672.

McGarrigle, J., & Donaldson, M. (1975). Conservation accidents. *Cognition, 3,* 341-350.

Mischel, W. (2014). *The marshmallow test: Understanding self-control and how to master it.* Bantam Press.（柴田裕之（訳）(2015). マシュマロ・テスト：成功する子・しない子 早川書房）

Morgan, P. L., Farkas, G., Hillemeier, M. M., Pun, W. H., & Maczuga, S. (2019). Kindergarten children's excutive functions predict their second-grade academic achievement and behavior. *Child Development, 90,* 1802-1816.

森口佑介 (2016). 実行機能の初期発達 稲垣佳世子・河合優年・斉藤こずゑ・高橋恵子・高橋和音・山 祐嗣（編）児童心理学の進歩 2016 年版 (pp. 27-52) 金子書房

中道圭人 (2006). 幼児の条件推論にふりの設定が及ぼす影響 発達心理学研究, *17,* 103-114.

中道圭人 (2009). 幼児の演繹推論とその発達的変化 風間書房

Nakamichi, K. (2017). Differences in young children's peer preference by inhibitory control and emotion regulation. *Psychological Reports, 120,* 805-823.

Nakamichi, K., Nakamichi, N., & Nakazawa, J. (2019) Preschool social-emotional competencies predict school adjustment in Grade 1. *Early Child Development and Care.*

Piaget, J. (1970). Piaget's theory. In P. H. Mussen (Ed.), *Carmichael's manual of child psychology* (3rd ed.): Vol. 1. John Wiley & Sons. (中垣　啓（訳）(2007). ピアジェに学ぶ認知発達の科学　北大路書房)

Piaget, J., & Inhelder, B. (1956). *The children's conception of space.* New York: W. W. Norton.

Premack, D. G., & Woodruff, G. (1978). Does the chimpanzee have a theory of mind? *Behavioral and Brain Sciences, 1,* 515-526.

Scribner, S., & Cole, M. (1981). *The psychology of literacy.* Cambridge: Harvard University Press.

Siegler, R. S. (1987). The perils of averaging data over strategies: An example from children's addition. *Journal of Experimental Psychology: General, 116,* 250-264.

Siegler, R. S. (1996). *Emerging minds: The process of change in children's thinking.* New York: Oxford University Press.

Siegler, R. S. (1999). Strategic development. *Trends in Cognitive Sciences, 3,* 430-435.

Spelke, E. S., & Kinzler, K. D. (2007). Core knowledge. *Developmental Science, 10,* 89-96.

Wellman, H. M., Cross, D., & Watson, J. (2001). Meta-analysis of theory-of-mind development: The truth about false belief. *Child Development, 72,* 655-684.

Wellman, H. M., & Gelman, S. A. (1992). Cognitive development: Foundational theories of core domains. *Annual Review of Psychology, 43,* 337-375.

Wimmer, H., & Perner, J. (1983). Belief about beliefs: Representation and constraining of wrong beliefs in young children's understanding deception. *Cognition, 13,* 103-128.

第**2**章　言語の発達

1. 言語習得と教育

　教職を志す学生にとって重要な事柄に，言語の習得が挙げられる。言語の習得は，人間にとって非常に普遍的な学習と教育のモデルを提示している。これまで多くの人類学的・言語学的研究が世界中のあらゆる社会を調査してきたが，現在にいたるまで言語・記号を用いたコミュニケーションを行わない社会の存在は報告されていない。そしてどのような社会においても，子どもは生まれてから数年のうちに，言語を用いて当該社会の成員とコミュニケーションを始める。もちろん，餌の蜜のありかを他個体に伝えるミツバチの8の字ダンスや，仲間を集合させるオオカミの遠吠えなど，人間以外の生物も情報伝達という意味においてコミュニケーションを行う。しかし多くの種におけるコミュニケーションの枠組みは遺伝的に決定されたものであって，その証左として短い系統発生的スパンのうちに変化することはない（Lewis & Gower, 1980）。一方，人間の言語は社会の人々に利用され，継承されていくなかで，目まぐるしく変化する。例えば日本語話者であれば，たかだか300年程度前の江戸期に書かれた文章であっても，特別なトレーニングを受けていなければそれを読み解くのは難しい。また同時代に生きる他者とのコミュニケーションでも，自分の知っている言語を他者が話せない場合，やはりその言語のトレーニングをしない限り言語を用いてコミュニケーションをとることは困難である。これらの経験的事実は，言語の意味の少なくない部分が文化的な慣習であり，社会的に学習されていることを示している。では一体，人間に備わるどのような能力がこのような「学び」を可能にしているのだろうか。また社会からのどのような働きか

けが，どのような「教え」を提供するのであろうか。子どもの言語習得の過程を眺めることは，人間の個体と社会に備わった学習と教育のメカニズムを考える有効な視点を提供してくれるだろう。

　本章では，人間に特有と思われる「学び」と「教え」の構造がどのように言語習得を達成するかについて議論する。続く第 2 節では，言語習得を支える子どもの「学び」の能力について考える。第 3 節では，子どもを取り巻く社会からの働きかけについて，そこに潜む自然な「教え」の構造を議論する。

2. 子どもの「学び」のメカニズム：言語習得の 2 つの認知的基盤

　言語習得において重要な役割を果たす人間の認知能力を，ここでは次の二点に大別して議論する（Tomasello, 2003）。 1 つは外界における情報から安定して生起する構造を取り出すことができるパターン発見能力（pattern finding）である。これは個体が環境におけるさまざまな情報の確率分布に積極的に反応し，次に起こりうることの予測を可能にする能力であり，人間以外の他種の動物にも共有された進化的に古い能力であると考えられる。もう 1 つは，私たちが同種である人間からの働きかけに対して，他の刺激とは異なる特殊な仕方でそれを処理するという社会的認知能力（social-cognitive skills）である。こちらは大型類人猿を含む近縁の種にも限定的にしか見られない能力であり，進化的にはより新しい能力であると想定できる。以下で詳細を見ていこう。

(1) パターン発見

　発達の多くの領域において，経験説と生得説の 2 つの立場からの説明があるが，特に言語習得は両者が多くの議論を巻き起こしてきた領域でもある。まず経験説的立場に立つ行動主義的な学習理論では，学習は個体の反応に対して何らかの強化子が与えられることにより成立することが想定されてきた。言語習得を例に挙げれば，子どもが行う何がしかの発話行動に対して，養育者が賞罰を与えることにより適切な発話行動の強化を行うことが，言語習得を可能にすることになる。このような学習理論に基づく言語習得論に対し，チョムスキー（Chomsky, N.）は言語習得において行動主義的な学習理論が成立するために

は，実際に刺激として与えられる言語的入力があまりにも不完全であるという「刺激の貧困問題」（poverty of stimulus）を指摘した。例えば大人が日常で用いる言語は，非常に不完全なものである。話の途中で話題が転換し主述が統一されていないこともあれば，主語や述語，日本語であれば助詞の省略が行われる場合も非常に多い。それにもかかわらず，子どもは本来正しい文や文法の形がどのようなものであるか，難なく理解してしまうのである。チョムスキーは，なぜ子どもが非常に不完全な入力から正しい言語的知識を得ることができるのかを説明するために，言語習得に先立つ何らかの生得的な言語的知識の存在を想定した。これが有名な生成文法理論（generative grammar）である。

　しかし 1990 年代以降，新しい形でこの「刺激の貧困問題」を乗り越える人間の学習メカニズムが提案されてきている。具体的には，個体を取り巻く環境自体に相対的に安定したパターンが存在し，また個体の知覚システムがそのようなパターンを巧みに検出することが，種々の行動実験および計算機シミュレーション[1] の結果から明らかになってきたのである。特に言語習得分野において精力的に進められてきた人間の統計学習（statistical learning）に関する一連の研究は，人間が外界に存在する音や見目形などの多様な分布情報を敏感に検出することを報告してきた。

　語の習得の例を考えてみよう。素朴に言えば，語は特定の音のまとまり（e.g., /ringo/ という音声）が，特定の意味（e.g.,「赤くて丸くて甘酸っぱいバラ科の果実」）を指し示す。しかし音にしても意味にしても，この「まとまり」は子どもにとって始めから自明なわけではない。まず音の学習に関する例を考えてみよう。例えば私たち大人は，「ねえちょっと，醬油取って」という発話から「ねえ」「ちょっと」「醬油」「とって」といういくつかの音列を，それぞれが別の意味を指す「語」として取り出すことができる。しかし，相手の発話が自分の知らない言語だったらそれは決して簡単なことではないだろう。生まれ

1　人間の心理的機能の一部を計算機上に実装し，さらに実装されたシステムに対して操作を加えその反応を見ることによって人間の心理的機能について類推する研究手法のことを計算機シミュレーションと呼ぶ。1980 年代以降，脳の神経ネットワークを計算機上に再現したコネクショニズムや PDP（Parallel Distributed Processing）モデルの発展により広まり，心理学の発展に大きく貢献した。

て間もない乳児は，正にこのような状況にあると言える。では日本語に関する事前知識のない乳児は，どのようにして連続した音列から語のまとまりを発見するのであろうか。

　この分野における先駆けであるサフランらの音韻習得の研究では，8か月の乳児は音の遷移確率，つまりどのような音の後にどのような音が出現しやすいパターンがあるかといった分布情報を手がかりに，単語の音のまとまりを学習できることを示した（Saffran et al., 1996）。例えば，pretty baby という音列における区切りがどこにあるかについては，pre/ttybaby/ であったり，prettyba/by であったり多くの可能性がある。しかし子どもの生活環境ではもちろん，音の遷移確率は一様ではない。例えば，英語の発話環境下において，pre- の後に tty が来る確率は，ty- のあとに ba が来る確率よりもずっと高い。サフランらは，乳児はこのような遷移確率を手がかりとして，連続した音列から単語の区切り（この場合であれば ty と ba の間）を学習することを示した。実際のサフランらの実験において，乳児は，いくつかの安定した遷移確率を含む音列（e.g., "bidakupadotigolabubidaku…"）を聞かされた（図2-1）。さらにその後，どこに語の区切りを見出していたかが確かめられた。すると，驚くべきことにたった2分間，この音列を聞いただけで，乳児は遷移が高い確率で続く golabu や pabiku という音列を1つのまとまったかたまりとして選好して取り出すことができていたのである。

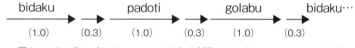

図2-1　サフラン（Saffran et al., 1996）の刺激（（ ）内はシラブル間の遷移確率）

　さらにこのようなパターン発見は，同じモダリティ（視覚，聴覚等の感覚様相のこと）内におけるパターンのみならず，例えば視覚と聴覚のような，異なるモダリティ間のパターンにおいても同じように起こることが知られている。語における意味を音と，それが指し示している視覚的イメージの対応として見た場合，このパターン発見が意味の習得に重要な役割を果たすことは想像に難くないだろう。実際に，スミスとユウ（Smith & Yu, 2008）は，次のような実

験によってこのことを確かめている。実験において乳児は "ball" や "bat" など
の語の参照対象が，絵で示された「ボール」か「バット」か，どちらの可能性
も残る場面で聴く（図 2-2 左）。ここでは他に何も情報がなければ，それぞれ
の語の参照対象がどちらであるかは不確実である。続いて乳児は "ball" や "dog"
のような語を参照対象が「ボール」なのか「犬」なのかやはり不確実な状況で
聴く（図 2-2 右）。ここでも参照対象が不確実であることに変わりはないのだが，
前の場面でも "ball" という音声が流れ，ここでも「ボールの絵」が表示されて
いることを踏まえると，確率としては "ball" が「ボール」を指示するという確
信度が高まるということになる。スミスらは，このような場面横断的な確率的
手がかりを用いることができる状況で，12-14 か月の乳児が適切に参照対象の
絞り込みに成功することを明らかにした。

　重要なことに，このような学習において，子どもは受動的に音や視覚の刺激
を与えられただけであり，学習理論で想定されるような明示的な賞罰が与えら
れたわけではない。つまり，統計学習は，少なくともある程度は，明確な目的
意識がなくとも自動的に行われてしまうのである。人間は自発的に環境におけ
る情報の分布から共通点 / 相違点を発見し，カテゴリーを形成して「学ぼうと
する」存在なのだ。

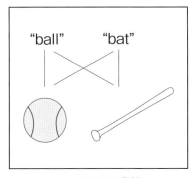

シーン 1 における発話

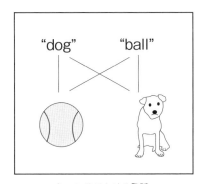

シーン 2 における発話

図 2-2　場面横断型学習（Smith & Yu, 2008 を参考に作成）

（2）社会的認知能力

　言語習得が外界の安定した音や参照対象の結びつきのパターンを発見することであれば，動物も計算機シミュレーションも統計学習の結果としてこれが可能だろう。実際に，類人猿を対象とし記号を習得させることを目指した多くの研究が，類人猿が提示される形式（e.g., 絵カード）と，それが指し示す意味（e.g., 絵カードが指し示す実際の対象物）についてのパターンを発見できることを報告している（e.g., 松沢, 2009）。しかし，そうして習得された記号がコミュニケーションの道具として使われるかどうかは別に問わなければならない問題である。実際に大型類人猿に記号を習得させる試みは，両者の記号運用の違いを浮き彫りにしてきた。もっとも大きな違いの 1 つとして，類人猿は覚えた記号のほとんどを，他者の具体的な行動を促す「要求」（imperative）のためにしか用いないことが挙げられる（e.g., Rivas, 2005）。一方，人間の子どもが用いる記号や言語は，明らかにこれとは異なる特徴をもつ。例えば子どもが記号コミュニケーションの最初期（生後 1 年ほど）に用いる記号である指さしは，自分自身が着目したものに対して他者の注意を向けさせようとする。このとき子どもの指さしは，相手の心的状態にアクセスしようとする動機を明らかにもっているのである（Liszkowski et al., 2004）。

　トマセロ（Tomasello, 2008）は，このような子どもの記号利用における「叙述」（descriptive）的機能を，人間の記号利用の顕著な特徴として着目した。記号が叙述的に用いられるには，コミュニケーションにおいて，「自分」，「他者」，そして自分と他者が共通に注意を向ける「対象」の三項関係が成立することが必要となる（図 2-3）。すなわち，自分が注意を向けている対象に対して，他者も同じように注意を向けていると他者意図を推論することによって，自分と他者が「同じ」対象に注意を共有しているという三項関係が成立する。「叙述」は他者に自分の注意の対象に注意を向けることを促し三項関係の成立を目指すコミュニケーションなのである。

　この三項関係コミュニケーションはおよそ生後 9 か月ほどで現れるが，これは 9 か月革命と呼ばれ，人間の発達過程で現れるコミュニケーション上のもっとも大きな変革の 1 つであると考えられている。実際に，生後しばらくの間，子どものコミュニケーションは多くが二項関係的である。すなわちコミュニ

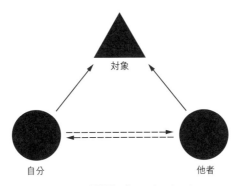

図2-3　三項関係コミュニケーション

ケーションは子ども‐養育者の関係か，子ども‐モノかという関係の中に閉じられており，子どもの注意は，養育者と子どもが関わっているときにモノに注意が向けられることはなく，モノに注意が向けられているときに注意が養育者に向けられることはない（これと異なる見解としては Trevarsen, 1979 等）。先述の「要求」のコミュニケーションは自分の働きかけの結果として現れる「対象」のみで成立するため，二項関係コミュニケーションとして説明が可能である。それが，およそ生後9か月～14か月くらいになると，子どもは他者が何に対して注意を向けているのかという他者の心的状態を読み取ろうとするようになる。具体的には，12か月くらいまでの乳児は，大人が自分以外の対象に注意を向けていると，その大人と大人が注意を向けている対象を交互に見る。14か月くらいになると乳児はさらに，大人の視線を追従し，実際に大人が見ているものに注意を向けるようになる。またこれとほぼ並行して，子どもは自分が注意を向けている対象を大人に示すために指さしを用いたりするようになり，三項関係コミュニケーションが成立する（Carpenter et al., 1998）。

　さらにこのような三項関係コミュニケーションの成立は，乳児にとって新しい学習の形を提供する。具体的には，生後1年ほどの乳児は，単に視覚情報を自身の運動に対応づけるだけの真似（mimic）でなく，「相手が何をしようとしているか」，相手の行為が目的とするものを介した模倣（imitation）学習を行うようになるのである。例えばガーガリら（Gergely et al., 2002）の実験では，生後14か月の乳児の模倣は他者が何を意図してその行動を行っているのか考

慮に含めながら行われることが確かめられている（実験紹介参照）。

　模倣学習の発生は，子どもの柔軟な記号や言語の学習に必須のものである。このような模倣を行うことにより，子どもは養育者から語り掛けられた発話を，自分の意図を達成するために用いることができる。例えば「相手がボールを指さし「ボール」と言った，その結果として自分はボールの方に注意を向けた」という経験をした子どもが「相手は自分の注意をボールに向けるために「ボール」という発話を行った」という意図を理解すれば，次に自分と養育者の役割を反転させて，今度は自分が「ボール」という言葉を用いて養育者の注意を操作することができるようになるだろう。言語の習得は，他者が「何のために」その発話を行ったのかという意図の推論があって初めて可能になるのである。

3. 「教え」のメカニズム：共有基盤の構築

(1) コミュニケーションにおける人間の協力性

　続いて，子どもに対して働きかける養育者の視点から，改めて言語習得を眺めてみよう。ここでもまた，人間が人間に対して行う自然な「教え」のメカニズムが見えてくる。まず重要なことに，記号コミュニケーションの熟達者である大人は，コミュニケーションにおいて他者と情報を適切に共有することを暗黙のうちに求める。例えばあなたが，よく知らない人と公園で数分居合わせることになった場面を想像してみよう。そこであなたはどんな話題を相手に振るだろうか。天気の話や気温の話を始めるかもしれないし，直近の時事的なニュースの話をするかもしれないが，それはその場に居合わせる人の多くに利用可能なことが想定できる情報であろう。このようにコミュニケーションで共有が目指される情報は，一般に共有基盤（common ground）と呼ばれる（Clark, 2015）。人間のコミュニケーションはそのすべてがこの共有基盤の構築のために行われるといっても過言ではないが，実はこのことは他種の生物において一般的なものではない。例えばトマセロ（Tomasello et al., 1997）は，類人猿に対し3つのバケツのうちどれに餌が入っているのかを探し当てる課題を行った。ここで実験者は，餌のバケツを指さしして教えるという援助を行った。人間にとってこの援助はほとんど答えを「教えてもらっている」ことに等しい。

| 実験紹介 | 前言語児による合理的な模倣 |

Gergely et al.（2002）

　子どもは生後1年を過ぎると，目の前の他者の行動を模倣するだけでなく（即時模倣），過去に他者が行った行動を，一定の時間をおいてから模倣するようになる（延滞模倣）。この延滞模倣は，乳児が過去の経験を記憶し，それを現在の問題解決のために再利用できることの証左として注目されてきた。しかし延滞模倣において乳児が模倣するのは，他者行為の「結果」なのだろうか，それとも「手段」なのだろうか。この区別は非常に重要で，例えば類人猿の多くは，特定の「結果」を達成するための新たな「手段」を模倣するのが非常に難しいことが知られている。もし乳児が模倣において柔軟に「手段」を選択することが可能であるならば，人間にとってユニークな学習方略を支える能力ということになる。

　方法　実験では14か月児27名が参加し2つの条件に振り分けられた。第一の条件において，13名の乳児は大人が両手を自由に使える状態であるにもかかわらず，頭でスイッチを押しランプを点灯させるシーンを見た。第二の条件において，14名の乳児は大人が毛布にくるまれて手の使えない状態で，頭でスイッチを押すシーンを見た。その一週間後，それぞれの条件における乳児が同じランプを与えられたとき，どのようにしてスイッチを押すのかが20秒間の観察によって確かめられた。

図　2つの条件において提示された刺激

　結果　両手が自由に使える大人を見た条件の乳児のうち，69%の乳児が頭でライトを押す行動をとった。一方で，手の使えない大人が頭でスイッチを押すのを見た乳児で，頭でスイッチを押した乳児は21%にとどまった。

　考察　2つの条件において大人は頭でスイッチを入れているわけだから，乳児の模倣が単に「結果」を真似ているだけであれば，どちらのグループの乳児も頭でランプを押すはずである。しかしこの実験の結果は，乳児は学習において他者の行為を目的志向的に理解し，「結果」を達成するための「手段」を選択することができることを含意している。一方で，このように乳児が他者の行動を目的志向的に理解するようになるのはいつごろからなのか，何がその主要な原動力となるのかという問題は，いまだ論争が続いている。

実際に生後1年ほどの乳児は，指さしの手がかりを用いて正解を当てられるようになる（Behne et al., 2005）。しかし類人猿の場合には，注意を操作されることと，他者から「教えてもらう」ことは直接結びつくわけではない。同じ実験を類人猿に対して行うと，類人猿も実験者の指さしを追って正解のバケツを見る。つまり，相手の行動が，自分の意図を操作するために行われたことを理解する。それにもかかわらず，正解のバケツを選ばなかったのである。つまり類人猿は，指さしをする人間が，自分の注意をバケツに向けようとしているということまでは理解するが，他者が自分の利益になる行動をするという観点から理解することはなかった。このことが示唆するのは，人間は他者が自分に対して協力的に振る舞うことを前提とし，他者の記号を「注意を操作する」のみならず，自分にとって有益な情報を「知らせる」意図で用いると考えているということだろう。このような前提があるからこそ，子どもは三項関係コミュニケーションにおける他者からの働きかけを「威嚇」や「警告」ではなく，情報の共有―すなわち「叙述」―を意味したものだと理解することができるのである。

(2) 共有基盤の2つのレベル

　養育者もまた，子どもとの間でこの共有基盤を構築することを目指すが，当然，子どもと共有基盤を構築するための方法は大人に対するものと同じではない（初対面の子どもと天気やニュースの話をしようとする大人はいないだろう！）。この共有基盤の構築に関しては，発達段階に応じたステップがあると考えられている（Clark, 2015）。第一に，特定の人物と，特定のやりとりのなかで構築される共有基盤は，個人的共有基盤（personal common ground）と呼ばれる。これは養育者と子どもの間には日々の生活において，お互いに「いつもの」やり方で期待されるやりとりである。ここで養育者は，子どもが反応を返すタイミングに応じて自分の行動を調整することで，子どもと「いつもの」相互的なやりとりを成り立たせることを目指す。例えば，母親は授乳中，子どもが母乳を飲んでいるときには母親は体を動かさず，子どもが息継ぎのために休止したタイミングで体を揺らしたり（Kaye, 1979），子どもをあやす養育者の語り掛けやジェスチャーを，子どもが反応を返すまで繰り返したりして（e.g.,

Bateson, 1979)，後の会話につながるような（話者）交替構造を実現しようとする。

　このような調整は，その時々の発達段階に応じて変化する。例えば生後 3-4 か月の乳児であれば，養育者は乳児が手足を動かすといったような非言語的反応が子どもから返されるまで働きかけを続け，ルーチンを生み出そうとする。子どもが喃語を発し始めると，今度は喃語的な反応を引き出すまで働きかけを続け，さらに乳児が初語を産出するようになれば，養育者は乳児が言語的反応を産出するまで自分の発話ターンの開始を待つようになる（Snow, 1977）。このように，養育者はその時々の子どもの可能な反応を読み取りながら，期待すべき相互行為の成立を目指すのである。

　次に，特定の相手，特定の文脈に基づいた共有基盤ではなく，広く社会の成員に共有が期待される共有基盤は社会的共有基盤（communal common ground）と呼ばれる。社会的共有基盤のなかでも代表的なものは言語である。例えば，「りんご」という語が想起する概念は，特定の文脈，特定の話者のみと「いつもの」やり方で共有されているわけではなく，日本語話者であれば不特定多数の人間に共有されていることを期待するであろう。生後 1 年を境に，養育者は子どもに言語を始めとする社会的共有基盤の構築を期待し，その構築を目指した調整を始める。この調整についての研究も数多いが，近年のロイらの研究は，養育者 - 子どもコミュニケーションに関するビックデータを用いた研究という点で興味深い（Roy et al., 2012）。ロイらは，子どもが生まれてから 3 歳に至るまで，生活の場である家屋に 11 台のカメラと 14 のマイク設置することによって，子どもの発話，また子どもが受けたインプットを 9 万時間におよび記録した。ここで養育者が子どもにかける発話は，生まれてから初語を産出する段階に向けて次第に単純になっていき(i.e., 発話の文の長さが短くなっていき)，初語が産出するタイミングを底として今度は発話の複雑さを向上させていた。すなわち，子どもによる語の産出がそれほど期待できない時期には，養育者による文の複雑さに関する調整は行われないが，共同注意や指差しによる記号コミュニケーションが始まり，また生後 10 か月を過ぎ喃語が母語の音韻体系を含むようになると，急速に初語の産出を促すような発話の単純化を行うのである。さらに初語を産出した後には，次のステージに向け文の複雑化が

すぐさま行われ，音の区切りや語と語の区切り等，言語的な単位の境界を音声的に明確にすることにより，子どもがそれを弁別するのを助けるようになるのである。

　このように，相手の状況に応じ，協力的にさまざまな形で共有基盤の構築を求める人間のコミュニケーションには，非常に自然な形で「教え」の構造が潜んでいる。大人，子どもの両者が記号や言語を用いて，互いに互いの意図を推論しながら情報を共有していこうと志向することが，子どもにとっては「学び」の，大人にとっては「教え」の素地を築くのである。

4. おわりに

　本章では，言語習得における子どもの「学び」と養育者の「教え」がどのように密接に結びついているかについて議論した。子どもは一般的な学習メカニズムであるパターン発見能力を用いて世界にある安定した構造を取り出し，さらに他者の意図を自らに写し取ることで当該言語社会の話者がどのように世界を眺めているかを理解する。養育者の側も，子どもとの間で共有できる知識を構築するために，さまざまな働きかけを子どもの発達段階に応じて非常に敏感に調整しながらやりとりの成立を目指す。ここまでの議論は，人間にとって「コミュニケーション」と「学び」「教え」が近接したメカニズムに基づいていることを示している。人間のコミュニケーションは他者が言語や記号を用いて何をしようとしているのかを推論する／させることであり，他者の心的状況を自らに写し取ろうとする意味で「学び」と「教え」の両者の過程を含んでいるのである。チブラとガーガリ（Csibra & Gergely, 2009）は，このような営みを「自然ペタゴジー」（natural pedagogy）と呼び，「他者とコミュニケーションをとる」ことと「教える／教わる」ことを同時に行うのは他の生物には見られない人間特有の行動であり，かつ人間にとって──言語コミュニケーションが正にそうであるように──普遍的な営みであると考えている。 教育の意義が，社会が世代を超えて蓄積してきた知識を，コミュニケーションを通じてさらに次の世代に伝え，かつ新たに更新していくことにあるとするならば，記号や言語を用いた人間のコミュニケーション自体がすでにそのような構造をもってお

り，発達の最初期からこのような教育的な営みが始まっているのである。

■引用文献

Bateson, M. C. (1979). The epigenesis of conversational interaction: A personal account of research development. In M. Bullowa (Ed.), *Before speech: The beginning of human communication* (pp. 83-77). Cambridge University Press.

Behne, T., Carpenter, M., & Tomasello, M. (2005). One-year-olds comprehend the communicative intentions behind gestures in a hiding game. *Developmental Science, 8*(6), 492-499.

Carpenter, M., Nagell, K., & Tomasello, M. (1998). Social cognition, joint attention, and communicative competence from 9 to 15months of age. *Monographs of the Society for Research of Child Development, 63*(4), 1-143.

Clark, E. V. (2015). Common ground. In B. MacWhinney & W. O'Grady (Eds.), *Language emergence* (pp. 328-353). Wiley-Blackwell.

Csibra, G., & Gergely, G. (2009). Natural pedagogy. *Trends in Cognitive Sciences, 13*, 148-153.

Gergely, G., Bekkering, H., & Király, I. (2002). Rational imitation in preverbal infants. *Nature, 415*(6873), 755.

Kaye, K. (1979). Thickening thin data: The maternal roll in developing communication and language. In M. Bullowa (Ed.), *Before speech: The beginning of interpersonal communication* (pp. 91-222). Cambridge University Press.

Lewis, D. B., & Gower, D. M. (1980). *Biology of communication.* Springer.

Liszkowski, U., Carpenter, M., Henning, A., Striano, T., & Tomasello, M. (2004). Twelve-month-olds point to share attention and interest. *Developmental Science, 7*, 297-307.

松沢哲郎 (2009). チンパンジーからみた世界　東京大学出版会

Rivas, E. (2005). Recent use of signs by chimpanzees (Pan Troglodytes) in interactions with humans. *Journal of Comparative Psychology, 119*(4), 404-417.

Roy, B. C., Frank, M. C., & Roy, D. (2012). Relating activity contexts to early word learning in dense longitudinal data. *Proceedings of the 34th Annual Meeting of the Cognitive Science Society*, 935-940.

Saffran, J. R., Aslin, R. N., & Newport, E. L. (1996). Statistical learning by 8-month-old infants. *Science, 274*, 1926-1928.

Smith, L. B., & Yu, C. (2008). Infants rapidly learn word-referent mappings via cross-situational statistics. *Cognition, 106*, 333-338.

Snow, C. E. (1977). *The development of conversation between mothers and babies.* Cambridge University Press.

Tomasello, M. (2003). *Constructing a language: A usage-based theory of language.* Harvard University Press.

Tomasello, M. (2008). *Origins of human communication.* A Bradford Book.

Tomasello, M., Call, J., & Gluckman, A. (1997). Comprehension of novel communicative signs by apes and human children. *Child Development, 68,* 1067-1080.

Trevarsen, C. (1979). Communication and cooperation in early infancy: A description of primary intersubjectivitry. In M. Bullowa (Ed.), *Before speech: The beginning of interpersonal communication* (pp. 321-347). Cambridge University Press.

第3章 パーソナリティの発達

　教育において，パーソナリティの発達はどのような意味をもつのか。一般に，「良い教育方法」を考えるとき，全生徒に効果的であることを想定している。ある教育方法が良いとされたとして，教員が一部の生徒にそれを実施し，その他には別の教え方をしたら，不平等だと考えないだろうか。しかし，児童生徒にはパーソナリティを含めたそれぞれの特性があり，学習者の特性によって最適な教授方法が異なるという適性処遇交互作用（Aptitude Treatment Inter-action）はクロンバックによって，1970年代に示されている（Cronbach & Snow, 1977）。状況とパーソナリティの組み合わせ（適合の良さ goodness-of-fit）の重要性を示した画期的な研究であり，教育においてはさまざまな個人差を理解することの必要性を示唆するものである。表3-1は，学習の成果に関わる個人差と教育システムについて考えるべき要因の例である。

表3-1　**教育・学習の成果に関連する要因の例**（Riding, 2009をもとに筆者作成）

要因の所在	考慮すべき要因の例
個人	個人内要因：ジェンダー，情報処理機能，ワーキングメモリ（作動記憶），知能，認知スタイル，既有知識，全体的－分析的スタイル，言語－視覚スタイル，情緒不安－情緒安定，内向性－外向性，など 家庭環境要因：情緒的サポート，安定性，知能に関わる遺伝・環境要因としての寄与，教育的物質的リソース，など
教育システム	カリキュラムの内容，教育目標，教育システム（国家レベルでの政治や価値システム），学校自体の特徴（教育目標や教育の質，提供可能なリソース，教授方法，仲間集団の価値観），など

1. 個性・個人差

　日常用語では，人がそれぞれもつ，他者とは異なる特徴を「個性」，特に内面的な特徴を「性格」と呼ぶ。それに対し心理学では，「個人差」や「パーソナリティ」という語がよく使われる。「個性」と「個人差」は似ているが，前者は，ある人の全般的な特徴であるのに対し，後者は，ある測定対象についての他者との差を表す。例えば，Aさんの身長と平均身長との差は，個性ではなく個人差である。心理学では，内面を測定，数量化するため，個人の特徴を捉えるには，他者や平均との比較による「個人差」が手がかりとなる。

(1) パーソナリティの定義

　1930年代，パーソナリティ心理学が成立し，初期の草分け的存在がオルポート（Allport, G. W. 1897-1967）である。オルポートはパーソナリティを，「個人の内にあって，個人に特徴的な行動や思考を決定する精神身体システムの力動的な構造」（山崎，2002）と定義しており，これは現在でも多く使用される。そのうえで，木島ら（1998）は，さまざまなパーソナリティ定義をまとめ，①環境への適応に関わる個人の全体的な特徴，②知能や感情をも含む，③状況を通じて一貫性をもつ，④時間的な安定性をもつ，という4つのポイントを挙げた。このように，パーソナリティとは，一般用語における「性格」を超えた，その人そのものである。

　パーソナリティ理解の視点には類型論と特性論がある。類型論は，人を特徴によってグループ化（類型化）しようとするもので，古くはヒポクラテス（Hippokratēs）やガレノス（Galēnos）の「体液説」，ユング（Jung, C. G.）の向性（内向 - 外向）などがある。一方，特性論は，人間に何らかの内的な特徴（特性）があることを想定し，その特性の組み合わせによってパーソナリティを捉えようとする。辞書にある特性語（優しい，賢いなど）を抽出，分類することから始まり，因子分析など統計的解析の発展により，現在ではパーソナリティ研究の主流となっている（山崎，2002）。

　このような，パーソナリティの要素を因子分析によって見出そうとするアプ

表 3-2　パーソナリティ 5 因子の名前と特徴（McCrae & John, 1992 をもとに作成）

因子名	特徴
外向性 extraversion/surgency	高い：陽気，楽天的，社交的，支配的である傾向 低い：おとなしい，控え目，シャイな傾向
調和性 / 協調性 agreeableness	高い：温かさ，信頼性，従順である傾向 低い：敵意的，意地悪，自己中心的傾向
誠実性 conscientiousness	高い：意志が強く，勤勉で達成志向である傾向
情緒不安定性　neuroticism/ emotional stability	高い：ストレスや苦痛を体験しやすい傾向 低い：穏やかで冷静な傾向
開放性 / 知性　openness to experience/ intellect	高い：創造性，知的好奇心，審美眼，さまざまな体験に開かれた傾向

ローチ（Factor theory of personality）でもっとも有名なものが性格 5 因子説であり（5 因子モデル（McCrae & John, 1992），ビッグファイブ（Goldberg, 1990）など），性別，年齢，人種，言語，文化に関わらず実証され，人類普遍であると考えられている（国里ら，2008；Yamagata et al., 2006，表 3-2）。

　これらの 5 因子に加えて，正直 - 謙遜（Honesty-Humility）を含む 6 因子説がある（Viswesvaran & Ones, 2016；高橋，2016）。因子としての独立性は議論が分かれるところだが，誠実さや正直さ，良心や分別といった特性（高潔さ integrity）は，学業達成や社会的成功においても重要な変数である（Viswesvaran & Ones, 2016）。その他にも，情動知能と呼ばれる Emotional Intelligence などパーソナリティの情動的側面に焦点をあてたものもあり（Petrides et al., 2016），それぞれの構成概念を測定するための尺度が開発されている。

実験紹介 A　マシュマロ・テスト（満足の遅延　意志の力）

Mischel & Metzner(1962)

　やるべき課題があるのに遊びに行く，テスト前だというのに関係のない本を読み始めるなど，やるべきことをやってから自分にご褒美を，と思っていたのに我慢できなかった，そのようなことはないだろうか。自分の欲求を満たすのを先延ばしにするには，意志の力が必要であり，そこには個人差がある。子どもの意志の力における個人差は，年齢や実験状況，その他の特性と関連するのだろうか。

方法　ボストン郊外に住む小学校1-6年生の児童（126名，男子68名，女子58名）と幼稚園児（36名，男子21名，女子15名）に対し，5セントのお菓子を今日もらうか（即時満足），後日10セントのお菓子をもらうか（満足の遅延）を選ばせた（図1）。その後，お菓子は研究協力の謝礼として約束通りに与えられた。満足の遅延の条件は学年ごとに，1日後，5日後，1週間後，2週間後，4週間後の5グループにランダムに振り分けられた。またIQとの関連も検討した。

図1　満足の遅延課題

結果　即時満足と満足の遅延の選択について，性別による差は認められなかった。次に学年による違いを検討したところ，小学3年生から4年生になるところで，大きな報酬を得るために満足の遅延を選択する子どもの割合が増加した。また，満足が遅延される長さについての影響も見られ，長くなると即時満足の選択率が高くなることが示された（図2）。

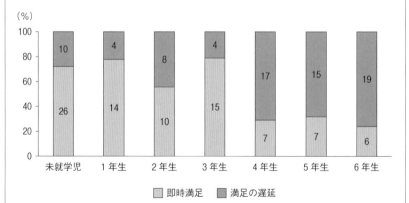

図2　学年別　即時満足と満足の遅延の選択者数（Mischel & Metzner, 1962をもとに筆者作成）
注）グラフ内数値は，選択した人数。

IQ との関連では，満足の遅延を選択した子どもの平均 IQ は 105.7 (*n* = 64, *SD* = 11.25)，即時満足を選択した子どもの平均 IQ は 99.0 (*n* = 58, *SD* = 10.78) であり，満足の遅延を選択した子どもの IQ の方が有意に高かった。

考察　満足の遅延の選択には年齢の影響が大きく，知的能力との関連も見られた。また遅延の長さにも影響されることが示された。満足の遅延の選択率ならびに，遅延の長さによる影響は，8 から 9 歳の間に変化が起きており，この時期までは時間の展望が十分に発達していないことが示唆される。また年齢の差による研究法の問題点（年齢によって，お菓子の報酬としての意味が異なる等）も明らかとなった。

(2) パーソナリティの測定

先に述べた 5 因子モデルに基づくパーソナリティの測定には，日本語版 NEO-PI-R（Revised NEO Personality Inventory；Costa & McCrae, 1992 下仲他訳，2011），BFPI（主要 5 因子性格検査；村上・村上，1999），FFPQ（5 因子性格検査：FFPQ 研究会，2002）があり，性格特性や行動傾向を表す記述について，自分にあてはまるかどうかを自己評定する。このような複数の質問項目に自分で回答，評定する方法を質問紙法と呼ぶ。複数の対象者に一度に実施でき，結果は数値化され統計的処理や集団との比較も容易であるという利点があるが，質問項目を読んで理解することが前提であるため，字の読めない年齢の子どもや日本語を母語としない対象者に使用することは難しい。また，①記憶の誤りや自分を良く（悪く）見せたいという思いから，回答が歪む，②測定できる内容に限りがある，③尺度に含まれていないことについては測定できない，などの問題もある（Cummings et al., 2002 菅原監訳，2006）。日本における一般的なパーソナリティ検査には，その他 YG テスト（矢田部ギルフォード性格検査），MMPI（ミネソタ多面人格目録），TEG（東大式エゴグラム）などがある。

質問紙以外の測定方法には作業検査法と投影法がある。作業検査法とは，被検査者に一定の課題を与え，取り組み方や結果からパーソナリティを測定する方法である。何を測定されているのかわからないため，回答を歪めることができないという長所がある。有名なものが内田クレペリン精神検査で，一定時間に一桁の数字の足し算を繰り返し行い，作業量，休憩の効果，誤答の数などをもとに，パーソナリティを判定する（内田，1964）。単純作業に対する取り組み方が評価できることから，学業や人事などの分野で活用される。投影法は，

曖昧な刺激に対する反応をもとにパーソナリティを理解しようとする検査法
で，①被検査者が何を測定されているのかわからない，②自由に反応できる，
③無意識の側面も測定できるとされることから，活用されている。投影法には，
インクの染みでできた図版を見て，説明するロールシャッハ・テスト，絵を見
て，説明するTAT（Thematic Apperception Test，絵画統覚検査），途中ま
で書かれた文章の続きを書くSCT（Sentence Completion Test，文章完成法），
樹の絵を描くバウムテストなどがある。その他，面接や観察などを通じてパー
ソナリティを理解する方法もある。

　重要なのは，パーソナリティを測定する方法には複数あることを知り，それ
ぞれに長所・短所があることに理解し，単一の結果によってラベルづけするこ
とのないよう留意することである。

(3) 気　　質

　パーソナリティと類似した概念として「気質」がある。気質は「発達早期に
表れる個人の活動，感情，注意，自己制御の領域における基本的特性で，遺伝
的，生物学的，環境的要因の複雑で長期的な相互作用の産物である」と定義さ
れる（Shiner et al., 2012）。気質研究の草分け的存在であるトーマスらは，親
の養育に関わらず，生後1週目において個人差が見出されること，生後直後の
個人差が10年以上経過した後もその人を特徴づけることを示した（Thomas
et al., 1970）。また子どもの気質と環境の双方向的な関わりにおける適合の良
さ（goodness-of-fit）にも言及し，気質研究に重要な示唆を与えた。

(4) パーソナリティの発達

　このように，パーソナリティは気質をもとに環境との相互作用のなかで発達
する。その発達を検討するには，①個人のパーソナリティはどの程度発達的に
変化するのかという視点，②人間としてパーソナリティの発達的変化のパター
ンは存在するのかという視点がある（Denissen et al., 2013）。

　前者の，個人のパーソナリティの変化については，その安定性が多くの研究
によって支持されており，短期（2週間程度）でも長期（6年以上経過後）でも，
同程度の一貫性を示す（相関係数で0.7 〜 0.9程度）。青年期でもほぼ変化せず，

成人期以降さらに安定する（Costa & McCrae, 1997）。児童期以前の発達的変化については①成人と同じパーソナリティ構造を想定しにくいこと，②児童期後期まで，パーソナリティの自己評定が難しいことなどの研究上の制約がある（Ashton, 2018）。なお乳児期の気質とその後のパーソナリティには相関はあるが（相関係数 0.3 程度），青年期以降のような強い安定性は認められない（Rutter, 1982）。発達早期ほど変化が大きいことが推測される。

　後者の，人間としてのパーソナリティの発達的変化について，歴史的に重要な示唆を与えたのはフロイト（Freud, S.）の精神分析的理論である。フロイトはリビドーという心理性的欲求（エネルギー）が向かう方向性によって，人間の発達を 5 つの心理 - 性的発達段階（口唇期，肛門期，エディプス期，潜伏期，性器期）に分け，それらとパーソナリティを関連づけて考察した（Allen, 2005）。こうしたフロイトの精神分析的理論は，ユングやエリクソン（4 章参照）をはじめ多くの心理学者に影響を与え，パーソナリティを含む発達理論の発展に寄与した。

　実証研究では，特性論的なパーソナリティ（例：ビッグファイブ特性）が発達にともなってどのように変化するかについて検証が進められている（Voelkle & Wagner, 2017）。その結果，特性論的パーソナリティには緩やかな変化が見られ，情緒安定性や協調性が増し，勤勉性が高まる（川本ら, 2015; McCrae et al., 2005）。また 10 代以降 20 代前半までは変化が大きく，その後ほぼ一定となっていく（Ashton, 2018; McCrae et al., 2005）。この背景には，社会的影響と生物学的成熟が挙げられ，年齢を重ねることで職業や家庭生活など責任をともなう社会的役割が求められ成熟していくという考え方と，ホルモンなどの内分泌系，神経伝達物質や脳に変化が生じ，パーソナリティが変化するという考え方がある。次は，社会的要因か生物学的要因かという二者択一的な考え方について検討する。

2. 遺伝と環境

(1) 遺伝か環境か
　発達心理学やパーソナリティ心理学の領域で長く論争を生んできたものが

「遺伝か環境か」という命題である。この命題は古代ギリシアより今日まで続いており，特に遺伝は不変性（一生変わらない）と決定性（あらかじめ決められている）をもつものとして捉えられてきた。

　遺伝環境論争の流れをまとめたボイス（Boyce, 2015）によると，環境説全盛期（1960-70 年代）には，あらゆる精神疾患の原因は環境（心理的ストレスを含む）にあるとして，統合失調症の家族要因説や自閉症の「母原病」説などが生まれた。その後，分子生物学や遺伝学の発展により，個人差を生み出す遺伝子多型の存在が示され，今度はあらゆる疾患は遺伝子レベルで説明・治療可能という方向に振れた（Boyce, 2015）。

　この論争に終止符を打とうとするのが 20 世紀末に誕生した行動遺伝学である。行動遺伝学とは，遺伝と環境がどのように人間の行動を決定づけるのかを明らかにしようとする遺伝学の一分野である。双生児や養子などの類似性を比較することで，統計的に「遺伝か環境か」を対決させる計量遺伝学と，個人差に関わる特定の DNA マーカーを明らかにする分子遺伝学がある（安藤，1992; Kovas et al., 2016）。これにより，遺伝と環境の相互作用の実態が解明されてきた。具体的には①遺伝 - 環境交互作用（G × E）と②遺伝 - 環境相関（共変）（rGE）である（Spinath & Johnson, 2013）。①は，遺伝的要因によって環境に対する反応性（敏感さ）が異なったり，あるいは逆に環境によって遺伝による影響が統制されたりする状態を示す。例えば，敏感性の高い子どもはそうでない子どもよりも，養育者の行動によって大きく影響を受ける（Pluess & Belsky, 2009）。②は，遺伝的特徴が環境の差異をもたらすもので，（1）親子で遺伝的特徴が関連している受動的パターン，（2）遺伝的特徴が環境の反応を引き出す喚起パターン，（3）遺伝的特徴にあった環境を選択する能動的パターンが想定されている（Knafo & Jaffee, 2013）。例えば，引っ込み思案な子どもの親は引っ込み思案の可能性が高いため，育児サークルなど社会的場面を体験する機会が少ない可能性があり（1），引っ込み思案な子どもは，仲間から一緒に遊びたくなさそうに見えるので，遊びに誘われにくい可能性があり（2），さらに人と関わる不安よりも図書室で読書することを選ぶ可能性がある（3）。こうして環境と遺伝が関連するようになる。

　その他，行動遺伝学の成果として，①どのような個人の行動特徴も（パーソ

ナリティや精神疾患，知的能力など），遺伝の影響を受けないものはない，②
発達に従って，環境ではなく遺伝の影響が強まっていく，③共有環境（同じ家
族であること）は双生児（きょうだい）の類似性にほとんど関連はなく，非共
有環境が個人の行動特徴に大きな影響を及ぼす，などが明らかにされている
（Plomin, 2007）。教育に関わるパーソナリティ特性（認知，モチベーション，
情緒的特徴など）も遺伝と環境の複雑な相互作用のなかで発達していくことが
明らかになっている（Kovas et al., 2016）。このような，遺伝と環境の相互作
用を含む，人間の発達の複雑さを理解するために構築されたアプローチが発達
精神病理学である。

(2) 発達精神病理学

　発達精神病理学は，通常の発達と精神病理の発達に関わるプロセスを解明す
る学際的研究領域である（Cummings et al., 2002 菅原監訳 2006）。発達精神
病理学にはいくつかの前提となる考え方がある。①健康と不健康，適応と不適
応，正常と異常は連続線上にあって固定的ではない。同じ行動でも程度によっ
て，あるいは発達的な時期によって問題となるかどうかが異なる。例えば，授
業に集中できないという体験は誰にもあるが（正常の範囲内），授業に集中で
きず学びについていけないならば，問題である。また，友達のものが欲しいと
き，相手を叩いて取りあげる3歳児はよく見られるが，児童期以降に生じると
問題となる。また，ある時点で問題行動が見られても，その行動が生涯継続す
るとは限らない。

　次に，②個人と環境の組み合わせやそれらの相互作用プロセスを重視する。
リスク因子（適応的な発達を問題のある発達へ向かわせるもの）や保護因子（適
応的な発達へ向かわせるもの，あるいは，リスク因子から守る作用をもつもの）
は環境の中にも個人の中にも存在し，それ自体が発達的結果に直結するわけで
はない。言い換えると，どんなに重大な要因と見られるものであっても，単一
の要因から単一の結果を予測することも，結果から要因を決定づけることもで
きない。例えば，被虐待経験は子どもの適応的な発達に対する重大なリスク因
子の1つであるが，必ずしも問題のある発達へ至ると決定づけるわけではない
し，問題が生じたとしてもどのように表れるかは決定的でない（抑うつなどの

情緒問題や攻撃行動など行動上の問題，等）。子どもの発達を理解するには，関連プロセス（例えば，両親以外に子どもをサポートする人はいるか，その他に重複するリスク要因はあるか，等）を検討する必要がある。

　また，③発達的な観点（時間軸）を考慮に入れる。現在の状況は過去によって影響を受けており，また未来に影響を与えるという視点をもち，子どもの問題を発達の流れのなかで捉えようとする。特に，人生のより早期に始まり，長期的に続く慢性的ストレス（Adverse Childhood Experience, 逆境的小児期体験，Felitti et al. (1998)）が，長期的にネガティブな影響をもたらす可能性が示されている。逆境的小児期体験には被虐待経験や家庭内問題などが含まれ，こうしたリスク因子を早期に発見し，介入することの重要性を示すとともに，リスク因子のみでなく，相互作用プロセスにも着目することが重要である。例えば，いじめ問題が生じたときに，早期に発見し介入することは重要だが，いじめの加害者（もしくは被害者）をその場から切り離すだけでは問題は解決しないという視点をもつ必要がある。

　相互作用プロセスに着目することは，最後の重要な前提である，④子どもは一方的に影響を与えられるだけの存在ではなく，自ら積極的に環境に関わり，未来を切り開く存在であるという視点をもつということとも関わる。子どもの主体的な対処行動を含め，相互作用のプロセスにおいて何が起きているのかを考えれば，単純にリスク因子を取り除くことでは問題解決につながらない可能性を考慮に入れることができる。このように，発達精神病理学は何らかの理論をもった学問ではなく，人間の発達を考えるとき，理解の道筋を与えるものである。

3.　知能：知能検査・発達検査

(1) 知的能力とは

　知的能力（知能，intelligence）とは何かという定義は，研究者の数だけあるとされ，一致していない。『日本大百科全書』（"知能"）によると，知能の定義は，①抽象的思考能力，②学習能力，③新しい環境への適応能力，④操作的定義（「知能」＝「知能検査によって測定されたもの」），⑤情報処理能力に分

けられるとされ，包括的な定義として，ウェクスラー（Wechsler, D.）の「目的的に行動し，合理的に思考し，その環境を効果的に処理する個人の総合的・全体的な能力」が引用されている。その他有名な定義としては，「複雑な事柄を理解したり，環境にうまく適応したり，経験から学習したり，論理的な思考をしたり，考えることで問題を乗り越えたりすることにおける個人差」（Neisser et al., 1996）というものがある。ナイサーの定義の有用な点としては，一般的な「頭の良さ」の感覚に近い点と，個人差，という考え方を含めている点である。

(2) 知能検査の種類

　知能検査は，通常の教育課程における学習に困難を抱えそうな子どもたちを事前に判別し，彼らに対する特別な支援の方向性を検討する目的で，フランス政府の要請を受け，1905 年にフランスのビネー（Binet, A.）によって開発された。1908 年に改訂されたビネー・シモン検査では，子どもの知的発達水準を表すのに精神年齢（mental age；MA）が導入され，実年齢（chronological age；CA）8 歳の子どもが，一般的な 8 歳児の 8 ～ 9 割が通過できる課題に失敗し，4 歳児課題まで通過できた場合，MA = 4 歳と示すことができるようになった（すなわち，通常の教育課程では困難がある）。その後ドイツの心理学者シュテルン（Stern, W.）が MA ÷ CA を精神指数（mental quotient），さらにアメリカの心理学者ターマン（Terman, L.）がそれに 100 をかけた知能指数（intelligence Quotient; IQ）を提唱した（Fletcher & Hattie, 2011）。

　そして，ウェクスラーによって，精神年齢という考え方から同年齢集団の平均値からの離れ度合を示す偏差 IQ が導入された。ウェクスラー式の知能検査には，児童対象の WISC（Wechsler Intelligence Scale for Children，5 歳～ 16 歳 11 か月対象），成人対象の WAIS（Wechsler Adult Intelligence Scale，16 歳以上対象），未就学児対象の WPPSI（Wechsler Preschool and Primary Scale of Intelligence，2 歳半～ 7 歳 3 か月対象）があり，その後現在も改訂が重ねられている。ウェクスラー式知能検査では，いくつかの具体的な検査項目の組み合わせによって，4 つの指標と全体的な知的能力である「全検査 IQ」が算出される（図 3-1）。

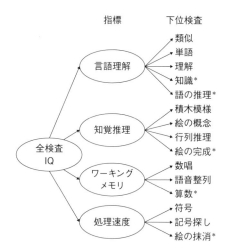

図3-1　ウェクスラー式知能検査（例：WISC-IV）に含まれる検査内容
注）＊の付いている項目は，全検査IQの算出には用いられない。

　これら知能検査研究により，初期に目的とされた単に就学時の子どもを判別することから，IQとは何か，知能とは単一の能力なのか，異なる能力の組み合わせなのか，IQはその他の個人差とどのように関連するのか，という方向へ進んできた。

　知能の構造について，キャッテルは流動性知能と結晶性知能という2種類があるという仮説を提示した（Cattell, 1987）。流動性知能とは推論能力と新しい問題を解決する能力で，すでにもっている知識やスキルはほとんど不要なものである。一方，結晶性知能とは，教育や経験を通じて蓄積された知識を反映するものである。これをさらに発展したものが，現在，もっとも有用とされるCHCモデル（Cattell-Horn-Carroll model, 図3-2）である。図3-1と類似しているが，知能を階層構造として捉えている点が特徴的で，もっとも下位に個々の具体的な能力，次に流動性知能や結晶性知能を含むより抽象的な8つの能力，最上位に「全体的な頭の良さ（全般性知能（g因子））」を置く（Carroll, 1993）。

　CHCモデルの8因子は①流動性知能，②結晶性知能，および③全般的な記憶と学習能力（短期記憶と想起能力；短期的な課題の保持課題に関わる能力），

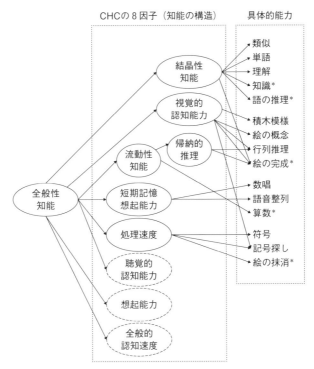

図 3-2　CHC モデルに基づく WAIS データの分析結果（Weiss et al., 2013 に基づき作成）
注 1) WAIS の下位項目によって直接推定されない因子（仮説モデルに含まれなかったもの）は破線で示した。
注 2) ＊の付いている項目は，全検査 IQ の算出には用いられない。

④視覚的認知能力（視覚を伴う課題に関わる能力），⑤聴覚的認知能力（音声
や言語の課題に関わる能力），⑥想起能力（三次的貯蔵と想起能力，過去に学
習した内容をもとにした課題への対処），⑦全般的認知速度（迅速な認知的処
理が求められる課題における能力），⑧処理速度（迅速な処理が求められる単
純な刺激に対する処理能力）が含まれる（Roberts & Lipnevich, 2011）。
　全般性知能（g 因子）の存在や知能の構造など，研究における議論は続いて
いるが，知能検査によって算出される知能指数（IQ）は単純な数値で表され，
客観的に比較可能で，現実の学業達成や職業における達成などを予測する
（Neisser et al., 1996）。正味 1 〜 2 時間程度で，子どもの長期的な学業達成を
ある程度予測できるということは大変有用であるが，知能検査で測られる IQ

実験紹介 B　フリン効果（人類は賢くなっているのか）

Flynn（1987）

　科学技術や科学的知識は日々進歩している。太陽が地球の周りをまわっているのではないことを私たちは知識として知っているし，数十年前には空想の世界でしか存在しなかった高度な科学技術を私たちは日々利用している。こうした技術革新や科学的知識の普及は，私たちの知能と関連するのだろうか。

　方法　日本を含む 35 か国の研究者 165 名から IQ データを入手し，検査年次による IQ の違いについて検証した。

　結果　収集されたデータは，各国で比較可能となるように，平均 100，標準偏差 15 となるように変換された。1 年間での IQ 増分を算出し，それに 30 をかけたものを 1 世代分の差とすると，どの国や地域においてもおおむね 5-25 点（中央値 15 点）の IQ 増加が認められた。また，教育による効果が認められるような言語性 IQ などよりも，教育の効果によらないレーヴン色彩マトリックス検査（図形を用いた検査）のような流動性知能において変化が大きいことも確認された。

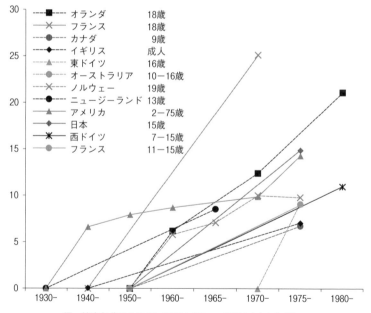

図　検査年代による IQ の違い（Flynn, 1987 をもとに作成）

注）各検査の初期値を 0 とした変化量を用いた。オランダ，フランス，カナダ，イギリス，東ドイツ，オーストラリアはレーヴン色彩マトリックス検査，アメリカ，日本，西ドイツ，フランスはウェクスラー系検査，ノルウェー，ニュージーランドはその他の IQ テストによるデータ。

> **考察**　教育による効果があると考えられる結晶性知能の側面ではなく，文化によ
> る影響の少ない新奇な問題解決能力を測定する流動性知能の側面において変化が大
> きかった。このことから，IQ 変化を文化や教育，その他環境によるものとは考えら
> れず，知能検査は知能を測定していると捉えるのではなく，「知能」と弱い相関関係
> にある「知能」の一側面である「抽象的問題解決能力」を測っているのに過ぎない
> 可能性が示された。

は知能そのものでない可能性を常に考慮に入れたうえで，子どもの役に立つよ
うな形で生かしていくことが重要である。

(3) 発達検査の種類

　発達検査は，子どもの問題をさらに早期発見するために，乳幼児の発達状況
を査定するために開発された。1950 年代以降，乳幼児研究が発展し，さまざ
まな能力や個人差について明らかになり，また医学の発展にともないハイリス
ク児の生存率が高まるにつれ，早期発見，早期介入への機運が高まった（Berger
et al., 2010）。日本では 2005 年に「発達障害者支援法」が施行され，発達障害
の早期発見，早期介入が求められるようになり，発達検査への関心が高まって
いる。

　欧米で頻繁に用いられる乳幼児アセスメント（評価・査定）には，ベイリー
乳幼児発達スケール（Bayley Scales of Infant Development）がある（Berger
et al., 2010）。1933 年に開発され，現在は第 3 版が作成されている。ベイリー
乳幼児発達スケールには，認知，言語，運動，適応，対人 – 情緒の 5 領域が含
まれ，検査者による評価と養育者による報告によって行われる。日本では，乳
幼児精神発達診断法（津守式），遠城寺式乳幼児分析的発達検査法，新版 K 式
発達検査などが主に使用される。

　乳幼児期の発達は認知，身体，運動，社会性やコミュニケーションなど幅広
い文脈で進むため，全体的評価が必要である。また乳幼児期には環境の影響も
大きいため，家庭や保育など含めた養育環境のアセスメントも重要となる
（Berger et al., 2010）。アセスメントにおいてはテスト状況や本人の状態に大
きく影響され，また発達的変化も大きい。乳幼児の発達や養育者 – 子ども関係
について理解し，アセスメント結果のフィードバックにおいては，結果の説明

に加え，情緒的サポートの提供も重要である。

■引用文献

Allen, B. P. (2005). *Personality theories: Development, growth, and diversity.* Philadelphia: Taylor & Francis Group.

安藤寿康 (1992). 人間行動遺伝学と教育　教育心理学研究, *40*, 96-107.

Ashton, M. C. (2018). Developmental change and stability of personality. In *Individual Differences and Personality* (pp. 85-106). Elsevier.

Berger, S. P., Hopkins, J., Bae, H., Hella, B., & Strickland, J. (2010). Infant assessment. In J. G. Bremner & T. D. Wachs (Eds.), *The Wiley-Blackwell handbook of infant development* (Vol. 2, pp. 226-256). Oxford: Wiley-Blackwell.

Boyce, W. T. (2015). Symphonic causation and the origins of childhood psychopathology. In D. Cicchetti & D. J. Cohen (Eds.), *Developmental psychopathology* (pp. 797-817). Hoboken, NJ: John Wiley & Sons.

Carroll, J. B. (1993). *Human cognitive abilities.* Cambridge: Cambridge University Press.

Cattell, R. B. (1987). *Intelligence: Its structure, growth, and action.* Amsterdam: Elsevier.

Costa, P. T., & McCrae, R. R. (1992). 下仲順子・中里克治・権藤恭之・高山　緑 日本標準版作成 (2011). 日本版 NEO-PI-R, NEO-FFI 使用マニュアル (改訂増補版)　東京心理

Costa, P. T., & McCrae, R. R. (1997). Longitudinal stability of adult personality. In R. Hogan, J. Johnson, & S. Briggs (Eds.), *Handbook of personality psychology* (pp. 269-290). Elsevier.

Cronbach, L. J., & Snow, R. E. (1977). *Aptitudes and instructional methods: A handbook for research on interactions.* New York: Irvington Publishers.

Cummings, E. M., Davies, P., & Campbell, S. B. (2002). *Developmental psychopathology and family process.* New York: Guilford Press. (菅原ますみ (監訳) (2006). 発達精神病理学：子どもの精神病理の発達と家族関係　ミネルヴァ書房)

Denissen, J. J. A., van Aken, M. A. G., & Roberts, B. W. (2013). Personality development across the life span. In T. Chamorro-Premuzic, S. Stumm, & A. Furnham (Eds.), *The Wiley-Blackwell handbook of individual differences* (pp. 75-100). Oxford: Wiley-Blackwell.

Felitti, V. J., Anda, R. F., Nordenberg, D., Williamson, D. F., Spitz, A. M., Edwards, V., & Marks, J. S. (1998). Relationship of childhood abuse and household dysfunction to many of the leading causes of death in adults. *American Journal of Preventive Medicine, 14*(4), 245-258.

FFPQ 研究会 (2002). FFPQ (5因子性格検査) マニュアル (改訂版)　北大路書房

Fletcher, R. B., & Hattie, J. (2011). *Intelligence and intelligence testing.* New York: Routledge.

59

Flynn, J. R. (1987). Massive IQ gains in 14 nations: What IQ tests really measure. *Psychological Bulletin, 101,* 171-191.

Goldberg, L. R. (1990). An alternative "description of personality": The Big-Five factor structure. *Journal of Personality and Social Psychology, 59,* 1216-1229.

川本哲也・小塩真司・阿部晋吾・坪田祐基・平島太郎・伊藤大幸・谷　伊織 (2015). ビッグ・ファイブ・パーソナリティ特性の年齢差と性差：大規模横断調査による検討　発達心理学研究, *26,* 107-122.

木島伸彦・高橋弘司・野口裕之・渡辺直登 (1998). パーソナリティ尺度と組織社会化諸尺度との関連性　経営行動科学, *12,* 31-48.

Knafo, A., & Jaffee, S. R. (2013). Gene-environment correlation in developmental psychopathology. *Development and Psychopathology, 25,* 1-6.

Kovas, Y., Malykh, S., & Gaysina, D. (2016). *Behavioural genetics for education.* London: Palgrave Macmillan Limited.

国里愛彦・山口陽弘・鈴木伸一 (2008). Cloninger の気質・性格モデルと Big Five モデルとの関連性　パーソナリティ研究, *16,* 324-334.

McCrae, R. R., & John, O. P. (1992). An introduction to the five-factor model and its applications. *Journal of Personality, 60,* 175-215.

McCrae, R. R., Martin, T. A., & Costa, P. T. (2005). Age trends and age norms for the NEO personality inventory-3 in adolescents and adults. *Assessment, 12,* 363-373.

Mischel, W., & Metzner, R. (1962). Preference for delayed reward as a function of age, intelligence, and length of delay interval. *Journal of Abnormal and Social Psychology, 64,* 425-431.

村上宣寛・村上千恵子 (1999). 主要5因子性格検査の手引き　学芸図書

Neisser, U., Boodoo, G., Bouchard, T. J., Jr., Boykin, A. W., Brody, N., Ceci, S. J., & Urbina, S. (1996). Intelligence: Knowns and unknowns. *American Psychologist, 51,* 77-101.

日本大百科全書 (n.d.). "知能" Retrieved December 9, 2019, from https://japanknowledge.com/lib/display/?lid=1001000151235

Petrides, K. V., Siegling, A. B., & Saklofske, D. H. (2016). Theory and measurement of trait emotional intelligence. In K. Updesh (Ed.), *The Wiley handbook of personality assessment* (pp. 90-103). Chichester: John Wiley & Sons.

Plomin, R. (2007). Genetics and developmental psychology. In G. W. Ladd (Ed.), *Appraising the human developmental sciences: Essays in honor of Merrill-Palmer quarterly* (pp. 250-261). Detroit, MI: Wayne State University Press.

Pluess, M., & Belsky, J. (2009). Differential susceptibility to rearing experience: The case of childcare. *Journal of Child Psychology and Psychiatry and Allied Disciplines, 50,* 396-404.

Riding, R. (2009). Educational psychology: An individual differences and educational. In K. Wheldall (Ed.), *Developments in educational psychology: How far have we come in twenty five years?* (pp. 80-94). New York: Routledge.

Roberts, R. D., & Lipnevich, A. A. (2011). From general intelligence to multiple intelligences: Meanings, models, and measures. In K. R. Harris, S. Graham, T. Urdan, S. Graham, J. M. Royer, & M. Zeidner (Eds.), *APA educational psychology handbook, vol. 2: Individual differences and cultural and contextual factors* (pp. 33-57). Washington, DC: American Psychological Association.

Rutter, M. (1982). Temperament: Concepts, issues and problems. In R. Porter & G. M. Collins (Eds.), *Temperamental differences in infants and young children* (pp. 1-16). London: Pitman.

Shiner, R. L., Buss, K. A., Mcclowry, S. G., Putnam, S. P., Saudino, K. J., & Zentner, M. (2012). What is temperament now? Assessing progress temperament research on the twenty-fifth anniversary of Goldsmith et al. (1987). *Child Development Perspectives, 6*, 436-444.

Spinath, F. M., & Johnson, W. (2013). Behavior genetics. In T. Chamorro-Premuzic, S. Stumm, & A. Furnham (Eds.), *The Wiley-Blackwell handbook of individual differences* (pp. 269-304). Oxford: Wiley-Blackwell.

高橋雄介 (2016). パーソナリティ特性研究をはじめとする個人差研究の動向と今後の展望・課題　教育心理学年報, *55*, 38-56.

Thomas, A., Chess, S., & Birch, H. G. (1970). The origin of personality. *Scientific American, 223*, 102-109.

内田勇三郎・日本精神技術研究所 (1964). 内田クレペリン精神検査法手引 (1951年1月改訂増)　日本精神技術研究所

Viswesvaran, C., & Ones, D. S. (2016). Integrity Tests. In K. Updesh (Ed.), *The Wiley handbook of personality assessment* (pp. 59-73). Chichester: John Wiley & Sons.

Voelkle, M. C., & Wagner, J. (2017). Analyzing personality change: From average trajectories to within-person dynamics. In J. Specht (Ed.), *Personality development across the lifespan* (pp. 497-516). Elsevier.

Weiss, L. G., Keith, T. Z., Zhu, J., & Chen, H. (2013). WISC-IV and clinical validation of the four- and five-factor interpretative approaches. *Journal of Psychoeducational Assessment, 31*, 114-131.

Yamagata, S., Suzuki, A., Ando, J., Ono, Y., Kijima, N., Yoshimura, K., & Jang, K. L. (2006). Is the genetic structure of human personality universal? A cross-cultural twin study from North America, Europe, and Asia. *Journal of Personality and Social Psychology, 90*, 987-998.

山崎勝之 (2002). 日本における性格研究の動向と展望　教育心理学年報, *41*, 73-83.

第4章 社会性・道徳性の発達

　私たちはこの世に生を受けてから，必ず，他者と関わり合いながら生きてきている。より正確に言えば，母親のお腹の中にいるときから，母親に話しかけられ，生後は自らが言語を話さなくとも，養育者をはじめ周りの人のさまざまな働きかけを受けることにより，生きてきている。もちろん，周りの人からの働きかけを受けるだけではなく，言語を使わなくとも他のさまざまな表現方法で周りの養育を引き出してもいる。そして，加齢とともに，大人だけではなく，きょうだいや友人など年齢が近い他者との関わりのウエイトが高くなる。その際には，楽しく過ごすこともできれば，思いが相手に伝わらなかったり，思いを伝えたいがゆえに先に手が出てしまったりすることもある。そのようないざこざを経験するなかで，自分と他者は異なる考えをもっていることに気が付いたり，やってはいけないことがあることを理解したり，協力したりすることを学んでいく。本章では，私たちが生まれてからどのように周りの人と関わるようになり，生きていくうえで必要となる他者との関わりをどのように発達させていくかについて学ぶ。

1. 新生児と養育者はどのように出会うか？

(1) 新生児と周りの人とのやりとりの始まり

　新生児は養育者のお腹のなかで受精から出生までおよそ 40 週間の時間を過ごし，その後，出産される。新生児が人の顔のパタンを好むことはいくつかの研究で明らかにされているが，出生後の数時間のうちにその 1 つの敏感期があり，新生児は母親の顔の特徴を学習するよう準備ができているという。また，視覚的にだけではなく嗅覚的にも母親の母乳を好むことが示されている。この

ように新生児はすでに社会性の萌芽をもち合わせているが，それは微笑みの発達にも見られる（Butterworth & Harris, 1994 村井監訳 1997）。

　新生児の微笑みは特定の人に向けられたものではなく，生理的なもの（生理的微笑）である。それが生後2か月を過ぎるころになると生理的微笑の割合は徐々に減少し，目の前にいる他者に向けて行われる社会的微笑が出現するようになる。さらに，それ以降はじっと見つめたり，発声や表情などを介したりして他者との双方向的なコミュニケーションをとるようになる（Butterworth & Harris, 1994 村井監訳 1997）。

(2) 愛着の発生

　愛着とは，ボウルビィ（Bowlby, J.）が，子どもが母親とその他の人を区別し，特定の人に対して注意や関心を集中していく心理機制をアタッチメントと呼んで以来，愛情をともなった心の結びつきとして広く用いられている概念である。特に，日本では愛着という訳語が定着している。ボウルビィは愛着の発達を以下のような4段階に分けて考察している（繁多，2016）。

第1段階：人物弁別をともなわない定位と発信（人に関心を示し，誰にでも同じように反応する）

第2段階：一人（または数人）の弁別された人物に対する定位と発信（生後12週以降，人に対する親密な反応は一層増大するが，より母親的存在に向けられる。母親的存在の不在時に悲しみを示さない）

第3段階：発信ならびに手段による弁別された人物への接近の維持（弁別力は確固としたものとなり，移動も可能になるため，母親的存在とその他に対する反応は明らかに異なる。母親との分離に悲しみ，再会を喜び，怖いことがあると母親のもとに駆け込む。この時期には二次的愛着対象（例：父，祖父母）も出てくる）

第4段階：目標修正的協調性の形成（子どもは苦悩を終わらせる条件や安全に感じる条件を発見し，これらの条件を達成することを設定目標とした計画を立てることができるようになる）

---

(3) ストレンジシチュエーション法

　先に述べた子どもの愛着の示し方にはいくつかの種類がある。それを分類する実験手続き（図4-1）を生み出し，子どもを4つの愛着のタイプに分類した

① 子ども用オモチャ ● ■ ▲

実験者が母子を室内に案内，母親は子ども
を抱いて入室。実験者は母親に子ども
を降ろす位置を指示して退室。(30秒)

⑤
1回目の母子再会。母親が入室。スト
レンジャーは退室。(3分)

②
母親は椅子にすわり，子どもはオモ
チャで遊んでいる。(3分)

⑥
2回目の母子分離。母親も退室。子
どもは一人残される。(3分)

③
ストレンジャーが入室。母親とスト
レンジャーはそれぞれの椅子にすわ
る。(3分)

⑦
ストレンジャーが入室。子どもを慰
める。(3分)

④
1回目の母子分離。母親は退室。スト
レンジャーは遊んでいる子どもにやや
近づき，働きかける。(3分)

⑧
2回目の母子再会。母親が入室しス
トレンジャーは退室。(3分)

図4-1　ストレンジシチュエーションの実験（Ainsworth et al., 1978）

のがエインスワース（Ainsworth, M. D. S.）である。その実験は母子分離再会
実験でありストレンジシチュエーション法と呼ばれる。実験中の母子再会場面
において母親に対する子どもの接近，接触維持，抵抗，回避行動が評定される。
その結果，子どもは安全群であるBタイプ（再会時に母親に肯定的・家庭内
で母親は一貫して敏感で受容的），不安全・両面価値群であるCタイプ（再会
時に母親に怒りの両面価値的行動を示す・家庭内で母親は敏感性，受容性に一
貫性なし），不安全・回避群であるAタイプ（再会時に母親との接触を回避す
る・家庭内で一貫して拒否的，身体接触を避ける）に分類される。なお，Cタ
イプ，Aタイプと比較してBタイプの子どもは母親を安全基地として使用し
て環境の探索を行い，その後も適応的な発達を示すと言われる。母親を安全基
地として使用できるということは母親を含めた環境について信頼できるという
安全感を形成したからだと考えられる。

2.　道徳性はどのように発達するのか？

　私たちは他者と関わり合うなかで，どのように善悪の判断を身につけていく
のだろうか。本節では，このテーマについて心理学領域で伝統的に語られてき
ている認知発達理論について述べる。その後に，近年，話題とされることの多
い社会的直観理論，道徳基盤理論について述べる。

(1) 認知発達理論
　ピアジェ（Piaget, 1932 大伴訳 1954）は，子どもの道徳判断について臨床法
（図4-2）を用いてその発達的変化を検討した。その結果，道徳判断は「他律（結
果論）」から「自律（動機論）」へと移行することを明らかにした。具体的には，
子どもたちは加齢にともないある行為の善悪について物質的な結果に基づき判
断する客観的責任判断（他律的道徳判断）から，外在的な目に見える結果より
も行為の意図や動機に注目した主観的責任判断（自律的道徳判断）へと発達を
していくという。
　このような道徳判断の発達は子どもの規則の理解と関連するところがある。
子どもたちの規則の理解には4つの発達段階がある。第1段階では，規則は社

A　ジャンという男の子がお部屋の中にいました。食事に呼ばれたので食堂に入っていきます。ところが扉の後ろに椅子があり，その椅子の上にお盆が置いてあり，お盆にはコップが15個のせてありました。ジャンはその扉の後ろにそんなものがあるとは知らないで，扉をあけましたので，扉がお盆に当たり，コップは15個ともみんな割れてしまいました。
B　アンリという男の子がいました。ある日，お母さんの留守に戸棚の中のジャムを食べようとしました。そこで椅子の上にのって腕を伸ばしましたがジャムは高すぎて手が届きません。取ろうとしていろいろやっているうちに，手がコップの一つに触って，コップは落ちて割れてしまいました。
【質問 1】これらの子どもは同じくらい罪があるか？
【質問 2】どっちの子の方が悪い？　なぜ？

図 4-2　ピアジェの臨床法を用いた道徳判断の調査法（長谷川，2008）

会的な意味をもたず同じ行為を反復することであり，これらの行為は道徳的意味合いをもたない。第 2 段階では，子どもが大人や年長者の真似をし，規則通りに振る舞おうとする。そこでは，規則はその通りにしなくてはならない義務的なもの，子どもを拘束するもの（大人の一方的尊敬）になる。第 3 段階では，相互に尊敬し合い，協同的行為を行っている集団の成員の合意があれば規則は修正可能なものだと考える。そのもととなるのは他者との相互関係を大事にする態度（相互的尊敬）であり，自己中心性（1 章参照）から自由になり相手の立場に立って考える能力が備わっていることが前提となる。第 4 段階では未知の状況においてさえも一般化される規則に関心を示すようになる。この段階では個人的あるいは対人的な事柄よりもむしろ社会的問題に関心をもつ。

　コールバーグ（Kohlberg, L.）はピアジェの考え方を発達させ，道徳性の発達を 3 水準 6 段階からなる発達段階（表 4-1）として理論化した研究者である（永野，1985）。その 3 水準 6 段階とは前慣習的水準（第 1 段階，第 2 段階），慣習的水準（第 3 段階，第 4 段階），脱慣習的水準（第 5 段階，第 6 段階）である。前慣習的水準では道徳は外在的なものであり，「罰せられること＝悪」と考える発達段階である。慣習的水準は決まりに従うことが正しいことだと考える発達段階だが，脱慣習的水準では決まりそのものを問い直す発達段階に至る。道徳性を測定する際には，道徳的価値が葛藤するオープン・エンドのモラルジレンマ課題（図 4-3）が提示される。被調査者は意思決定の正当化の根拠が面接され，どのようなタイプの理由づけをするかにより，道徳的理由づけが 6 段階

表 4-1　コールバーグによる道徳性発達段階

	発達段階	内容
前慣習的水準	第1段階	他律的道徳。罰と服従。
	第2段階	個人主義。道具的な意図と交換の傾向。
慣習的水準	第3段階	対人関係の調和。同調。「良い子」志向。
	第4段階	社会システムの維持。「法と秩序」の志向。
脱慣習的水準	第5段階	社会契約論的志向。人々の権利の擁護。
	第6段階	普遍的な倫理的原理志向。

　Aさんの奥さんががんで死にかかっています。お医者さんは，「ある薬を飲めば助かるかもしれないが，それ以外に助ける方法はない。」と言いました。その薬は，最近ある薬屋さんが発見したもので，10万円かけて作って，100万円で売っています。Aさんは，できる限りのお金を借りてまわったのですが，50万円しか集まりませんでした。Aさんは薬屋さんにわけを話し，薬を安く売るか，または不足分は後で払うから50万円で売ってくれるように頼みました。でも薬屋さんは，「私がその薬を発見しました。私はそれを売って，お金をもうけようと思っているのです」と言って，頼みを聞きませんでした。Aさんはとても困って，その夜，奥さんを助けるために，薬屋さんの倉庫に入り，薬を盗みました。
【問】　Aさんは薬を盗んだ方がいいでしょうか，それとも盗まない方がいいでしょうか？

図 4-3　モラルジレンマ課題の一例（永野, 1985）

のいずれかに割り当てられる。道徳性はこの発達段階に従って順番に発達する（発達の連続性）と考えられる。

　役割取得能力とは他者の視点や立場に立って物事を見たり考えたりする能力のことであり（Selman, 1971），先述したコールバーグの道徳性発達段階との対応が指摘される（内藤, 1987）。役割取得能力は自己焦点的な段階から具体的な相手の視点に立つ段階，社会的な視点を取得する段階へと発達していくとされている。また，役割取得能力の発達は対人交渉方略（Selman, 2003）の発達との対応も指摘される（表4-2）。対人交渉方略には自分の意見に合うように他者の意見を変容させようとする他者変容志向と，相手に合わせて自己の意見を変容しようとする自己変容志向の2つがあり，各々には異なる発達段階がある。他者変容志向は，自己の目標到達のために非反省的・衝動的な力を使う段階（他者変容0段階），一方的に他者を統制する段階（他者変容1段階），相手の意見を変容させようとして心理的影響力を使用する段階（他者変容2段階）という順序で発達する。自己変容志向は，自己を守るために非反省的・衝動的

表 4-2 コールバーグの道徳性発達理論，セルマンの役割取得理論，
対人交渉方略の対応表

コールバーグ 道徳性発達段階	セルマン 役割取得能力	セルマン 対人交渉方略 他者変容志向 / 自己変容志向
第 1 段階	未分化，自己焦点的	0 段階
第 2 段階	分化，主観的	1 段階
第 3 段階	互恵的，自己内省的	2 段階
第 4 段階	相互的，第三者的	協調
第 5 段階	社会的	
第 6 段階		

注）内藤（1987）の pp. 190-191，セルマン（Selman, 2003）の p. 21 および p. 31 を参照
して筆者作成。

に従う段階（自己変容 0 段階），意思なく相手の願望に従う段階（自己変容 1
段階），自己の願望と相手を調整するために心理的影響力を使用する段階（自
己変容 2 段階）という順序で発達する。そして，いずれの対人交渉方略のスタ
イルを志向していても，自己と他者の両者の意見を調整しようとする協調段階
という発達段階に向かうとされる。

　チュリエル（Turiel, 1998）は社会的知識には質的に異なった領域があり，

表 4-3　チュリエルによる領域の定義と基準（首藤，1992 より筆者が作成）

	領域		
	道徳	慣習	心理 （個人 / 自己管理）
知識の 基盤	正義（公正）や福祉や権利といった価値概念	社会システム（社会の成り立ち，機能など）に関する概念	個人の自由や意思に関する概念および自己概念
社会的 文脈	行為に内在する情報（行為が他者の身体，福祉，権利に与える直接的な影響）	社会的関係を調整するための，恣意的ながらも意見の一致による行動上の取り決め	行為が行為者自身に与える影響
典型的な 場面例	盗み，殺人，詐欺，緊急場面での援助，いじめなど	挨拶，呼称，生活習慣，宗教儀式，テーブルマナー，校則など	趣味，遊びの選択，友人の選択
理由付け カテゴリー	他者の福祉，公平・不公平，絶対に許されない行為，義務感，権利	期待・規則，社会秩序，常識・慣習からの逸脱，無礼行為	自分自身の問題，規則の拒否，許容範囲の行為，規則存在の不公平

さまざまな社会的判断や社会的行動は各領域の知識が調整された産物であるという社会的領域理論（Social domain theory）を提唱している（表 4-3）。その領域には道徳（善悪の規定がある事柄），慣習（集団の秩序を維持するもの），個人（個人的な事柄）の 3 種類があり，私たちは判断を行う際にはそれらの知識を調整しているという。例えば，「盗み」という行為に対し「絶対にいけないことだ」と判断する人は「道徳領域」，「決まりだからいけない」と判断する人は「慣習領域」，「個人の許容範囲」と判断する人は「個人領域」が活性化していると考えられる。

(2) 社会的直観理論と道徳基盤理論

　認知発達理論の立場では道徳判断時における理由づけが重視されてきており，情動の役割をあまり重視してはこなかった。一方，ハイト（Haidt, 2012）はこの考え方に対し，下記のような事例を用いて反論している。

> 　ある家族が飼っていた愛犬が，自宅の前で車にひかれて死んだ。「犬の肉はおいしい」と聞いていたこの家族は，死骸を切り刻んで料理し，こっそり食べた（Haidt, 2012）。

　この事例を読んで，最初に何を思っただろうか。おそらく，読んだ瞬間に気持ちが悪い，いやだ，これはないだろうなどという感情が生じた人も多いのではないか（直観）。それでは，そのような感情が生じたのはどのような理由によるものか（理性的判断／道徳的理由づけ）。この問いに対して，先の問いよりも少し時間をかけて回答を探したり，考えたりしたのではないだろうか。ハイト（Haidt, 2012）はこのようなストーリーを複数用いて，私たちが道徳判断を行う際にコールバーグらが重視をしてきた道徳的理由づけ（理性的判断）ではなく，直観の道徳判断が優先されることを示した。つまり，先に直観があって，その後に理性的判断が存在すると考えた。また，直観は理性的判断とは異なり発達的に生じるものではなく，生得的なものであると考えられている。人は成長をしていくなかで直観に気づくようになり，一度直観を身につけるとそれは修正されにくくなる（Sets, 2016）。

　最後に社会的直観理論の今後の課題を示す。1つ目は社会的直観理論が用いる事例が非常にネガティブな状況（先例参照）であるため，当該行為がよくないという「正しい反応」がすぐにできる（から直観である）というものである。2つ目は理由づけの経験をどれくらい行うと最初の直観が形成されるか，直観はどの程度経験したら自動的に生じるかである（Sets, 2016）。なお，この道徳判断の際のよりどころである「直観か理性か」に関する論争は現在に至るまで続いており，後述する。

　コールバーグは道徳性発達とは数ある徳目のなかでも公正さ（justice）の発達であると考え，公正さの発達を道徳性発達段階として6段階で示した。一方，ハイト（Haidt, 2012）はコールバーグが危害回避や公正さなどの義務論的な正義（justice）のみに限定して道徳性を取りあげてきたことを批判し，公正さ以外にも5つの道徳基盤があるとする道徳基盤理論（Moral Foundation Theory；MFT）を提唱している。5つの道徳基盤とは，「傷つけないこと（harm reduction/care）」，「公平性（fairness/justice）」，「内集団への忠誠（loyalty to one's in-group）」，「権威への敬意（deference to authority）」，「神聖さ・純粋さ（purity/sanctity）」である。各々，「傷つけないこと」とは他者を傷つけてはならず，思いやりをもつこと，「公平性」とは人を公平に取り扱うことや互恵的に取り扱うこと，「内集団への忠誠」とは自分が所属する集団への忠誠心，「権威への敬意」とは社会的秩序を重視すること，「神聖さ」とは穢れていないことである。このように人は公正さ以外にも異なる複数の道徳基盤をもっており，どの基盤が影響力をもつかは人により異なる。例えば，政治的に見て，「傷つけないこと」および「公正性」に重きを置く人はリベラルであり，いずれの道徳基盤にも同じように重きを置く人は保守主義者であると考えられている。本書では詳細は取りあげないが，道徳基盤は道徳基盤尺度（Moral Foundation Questionnaire; MFQ）を用いて測定することが可能である（金井，2013）。

(3) 道徳的判断と道徳的情動
　これまで見てきたように，近年は道徳性に関して，直観（ハイトに代表される）あるいは理性的判断（コールバーグに代表される）のどちらが優勢かに関して議論されてきている。どちらの判断が優勢であるかはどのような（道徳）

教育を行うかにつながる問題であり，検討すべき大切な課題になる。認知心理学領域ではカーネマン（Kahneman, 2011 村井訳 2014）により心理学実験を積み重ねたうえでシステムⅠ（素早い判断：直観）とシステムⅡ（熟慮した判断：理性的判断）の存在が指摘され，人の道徳性を含む判断には双方がポジティブにもネガティブにも関連することが示されている。脳神経科学領域ではfMRI（functional Magnetic Resonance Imaging）を用いた脳画像の検討により，道徳判断には直観も理性的判断も使用していると考える二重過程モデルが提案されている（Cushman et al., 2010）。また，脳神経科学や道徳心理学の知見を踏まえたうえで，あえて道徳的判断における理性が果たす役割について論じる立場もある（宇佐美，2013）。近年，ブルーム（Bloom, 2016）は，政治的場面，公共政策場面に限っては情動（共感）よりも理性的判断を行うことを優先する方がより適切な判断を行うことができる（例：私たちは地球の裏側の数多くの子どもたちの悲惨な状況を知っていても手助けをしないことも多いが，目の前の具体的な不憫な子ども1人を助けるためにはすぐに手を差し伸べる）と述べ，より公平な判断を行うために反共感（情動の道徳判断に重きを置きすぎないこと）が重要な場合があると指摘している。これらを考え合わせると，私たちが行う道徳判断には無意識にバイアスが働いていることは明らかであり，重要な道徳的課題を考える際にはあえて意識的に直観と理性的判断の双方を考慮する必要性があるのかもしれない。

3. 学校教育における心理学視点を用いた道徳授業の展開

　近年，学校の道徳授業は従来の相手の気持ちを考えることを重視する心情読み取り型から「考え，議論する道徳」授業へと大きく変わった（荒木・藤澤，2019）。本章で見てきた通り，相手の気持ちを考えたり，相手の考えに思いをめぐらせたりすることは重要であるが，それに加えて，「考えたり，議論したり」することも道徳授業には期待されるようになったと言える。そのため，現在，日本のさまざまなところでどのようにすれば「考え，議論する」道徳授業を実施できるかについて，エビデンスが集められている。そのようななかではあるが，実は心理学領域では半世紀も以前からエビデンスベースで道徳の教育実践

が行われ，知見が積みあげられている。

(1) モラルジレンマ討論

　先述したコールバーグは道徳性の発達段階を理論化した後に，モラルジレンマ討論，ジャストコミュニティを展開した（Blatt ＆ Kohlberg, 1975）。モラルジレンマ討論とは，モラルジレンマを含んだ資料（図 4-3）をもとにグループで話し合うというもので，このような討論授業を一定期間行うことにより，道徳性が発達することを明らかにした（Blatt & Kohlberg, 1975）。日本では兵庫教育大学を中心として，研究者と学校教員が連携することにより，40 年以上の時間をかけて子どもが興味をもつモラルジレンマ教材，モラルジレンマ討論の行い方，モラルジレンマ討論の教育的効果などに関する知見が包括的に蓄積されてきている（Araki, 2014：荒木, 2017a, 2017b）。モラルジレンマ討論の醍醐味は，答えが決まっていない複数の価値が葛藤するモラルジレンマについて子どもたちが自由に考えたり，議論をしたりすることができる点にある。さまざまな価値が葛藤するストーリーが教材として用いられているため，子どもたちは思わず身を乗り出してどうすればよいか話し合いたくなる。近年では新学習指導要領に対応したモラルジレンマを用いた指導案も存在する（荒木・藤澤, 2019）。

(2) 討論の行い方の大切さ

　先に述べた通り，モラルジレンマ討論を用いて子どもたちが思わず，参加したくなる「考え，議論する」道徳授業を行うことは可能である。一方, 45 分（あるいは 50 分）でモラルジレンマ討論を実施するには困難な部分もある。なぜならば，道徳授業でどのような教材を使用するかとは別の問題として，討論参加者の討論スキルがさまざまであり，発達年齢により，討論のやり方を変えていく必要があるためである。一般的に学年が低いほど，討論を行うことは難しく，子どもたちが考えたり，議論したりしたプロセスを授業者がどのように把握するかにも工夫がいる。一方，学年があがっても，日常的に考えたり議論したりするプロセスを経験してきていない場合には，急に授業に討論プロセスを入れても，討論は成立しにくく，場合によっては討論メンバーの一人ひとりが

図4-4　初学者向けの道徳授業における討論の流れ

意見を述べるだけで終わりになってしまう。そこで，日常的に話し合いや議論の経験を積んでおくことは「考え，議論する」道徳授業を進めていくベースとしても大切であると考えられる。なお，藤澤（2018）は討論の初学者向け（子どもが初学者，教師が初学者の場合も同様である）に図4-4のような討論を用いた授業の流れを提案している。あくまでも提案であり，「考え議論する道徳」授業の進め方の見通しが立てにくい方に参照していただきたい。授業を繰り返していくなかで，どこを短く切り（例えば，初学者は導入に時間をかけすぎたり，それによりグループ討論の時間がなくなったりする），どこに時間をかけるか（例えば，初学者は子どもたちからじわりじわりと意見が出始めてきたところで，時間が来たからと次のステップに移ってしまう）が経験的に取得できるようになると思われる。そこで，まずは経験値を積みあげ，それから，子どもの声をいかに拾えているか，それを広げたり掘り下げたりすること（図4-4の掘り下げのQ）ができているか，引き出しを増やせているか，目標についてより深く考え議論できているか，と少しずつ分けて習得していく方がより現実的だと思われる。そのころには図4-4は必要なくなるであろう。最後に，討論の行い方の大切さはモラルジレンマ討論だけではなく，探求型道徳（荒木，2019）や問題解決型道徳などさまざまなタイプの道徳の授業においても同じように考えることができると思われる。そしてまた，私たちにとって大切な「価値」について他の人と話す際には，討論スキルの習得以前に，クラスのなかに

話し合うことのできる雰囲気（道徳的雰囲気）ができていることがもっとも大切であることは言うまでもない（e.g., Wong, 2009 稲垣訳 2017）。

実験紹介　報酬が子どもの向社会的動機づけに及ぼす影響
Fabes et al.(1989)

問題　この研究では，報酬の有無と，報酬の使用についての子どもの経験が，子どもの向社会的動機づけに及ぼす影響が検討された。望ましい結果を達成するために報酬に頼る親の子どもは，以前報酬が与えられた行動について，報酬がないときには興味を失うという予測が立てられた。

方法　研究協力者は，2 年生から 5 年生の児童 72 名（男児 37 名，女児 35 名）およびその母親であった。病気で入院している子どもたちが遊ぶ際に使うための紙を色分けするという作業が援助課題として設定され，紙の分類作業を行うかブロックなどで遊ぶかを自由に選べる時間（自由選択時間）の参加児の行動が観察された。実験条件は，自由選択時間の前のフェーズで，参加児自身が援助課題を行うか（行為者条件），他の子どもが援助課題を行っているのを観察するか（観察者条件）と，報酬の有無の組み合わせで設定された（表 1）。

表 1　実験条件 (Fabes et al., 1989)

	報酬	
	なし	あり
行為者	①	②
観察者	③	④

①報酬なし／行為者条件では，自由選択時間の前に，参加児に，紙の分類作業を行う時間が与えられた。②報酬あり／行為者条件では，①の手続きに加え，参加児は紙の分類作業を行うと報酬がもらえると伝えられ，実際に報酬を受け取った。③報酬なし／観察者条件では，参加児は，他の子どもが紙の分類作業を行うビデオを視聴した。④報酬あり／観察者条件では，③の手続きに加え，ビデオ中の子どもが，紙の分類作業を行うと報酬がもらえると伝えられ，作業後に報酬を受け取った。いずれの条件についても，その後，参加児に自由選択時間が設けられた。なお，行為者条件（①・②）については，自由選択時間の前の作業時における参加児の行動についても測定された。母親は，家族構成や収入といった変数や報酬尺度などを含む質問紙に回答した。報酬尺度は，子どもに対する報酬の使用に関する親の態度と実践を測定するものであった。

結果　報酬使用について，母親評定の報酬尺度の得点によって，相対的に報酬の使用に対する態度が否定的で報酬を使用しない群（否定的報酬使用群）と，相対的

に報酬の使用に肯定的で報酬を使用する群（肯定的報酬使用群）の2群に分けられた。まず，報酬がその場での向社会的行動に及ぼす影響を検討するため，行為者条件（①・②）の参加児による，自由選択時間の前の作業時における作業量を検討した。その結果，報酬あり条件において，報酬なし条件よりも作業量が多いことが示された。次に，報酬が，後の向社会的行動に及ぼす影響を検討するため，自由選択時間における作業について，実験条件（報酬の有無，行為者／観察者）と，報酬使用群（否定的／肯定的）の影響を検討した。その結果，報酬の有無と報酬使用群の交互作用が示された。報酬なし条件では，否定的報酬使用群と肯定的報酬使用群の間で，援助を行った子どもの割合に差は見られず，報酬あり条件では，否定的報酬使用群より肯定的報酬使用群において，援助を行った子どもの割合が有意に低いことが示された（表2）。

表2　自由選択時間に援助を行った子どもの割合（条件ごと）

(Fabes et al., 1989)

条件	N	援助を行った子ども	
		%	n
報酬なし			
否定的使用	24	88.33	20
肯定的使用	19	100.00	19
報酬あり			
否定的使用	13	84.62	11
肯定的使用	16	43.75	7

考察　これまで多くの研究によって，物質的報酬が，その場での援助や分与，協力といった向社会的行動を起こしやすくすることが示されてきた。しかし今回の研究の結果は，物質的報酬が，後の，報酬が用意されていない状況での向社会的動機づけを低減させる可能性を支持するものであった。また，その効果は，報酬の使用に関する母親の態度によって調整されることが明らかになった。

本書執筆時に公益財団法人博報堂教育財団の研究サポートを受けています。

■引用文献

Ainsworth, M. D. S., Blehar, M. C., Waters, E., & Wall, S. (1978). *Patterns of attachment: A psychological study of strange situation*. Hillsdale, NJ: Erlbaum.

荒木寿友（編）(2019). 未来のための探究的道徳　「問い」にこだわり知を深める授業づくり（中学校道徳サポートBOOKS）　明治図書

荒木寿友・藤澤　文（編）(2019). 道徳教育はこうすれば〈もっと〉おもしろい：未来

を拓く教育学と心理学のコラボレーション　北大路書房

Araki, N. (2014). An application of Kohlberg's theory of moral dilemma discussion to the Japanese classroom and its effect on moral development of Japanese students In L. Nucci., D. Narvaez., & T. Krettenauer, (Eds.), *Handbook of moral and character education* (2nd ed., pp. 308-325). New York and London: Routledge.

荒木紀幸（編）(2017a)．考える道徳を創る　小学校新モラルジレンマ教材と授業展開　明治図書

荒木紀幸（編）(2017b)．考える道徳を創る　中学校新モラルジレンマ教材と授業展開　明治図書

Blatt, M., & Kohlberg, L. (1975). The effect of classroom moral discussion upon children's level of moral judgment. *Journal of Moral Education, 4*, 129-161.

Bloom, P. (2016). *Against empathy: The case for rationale compassion.* Vintage.（高橋洋（訳）(2018)．反共感論：社会はいかに判断を誤るか　白揚社）

Butterworth, G., & Harris, M. (1994). *Principles of developmental psychology.* Hove, UK: Lawrence Erlbaum Association.（村井潤一郎（監訳）(1997)．発達心理学の基本を学ぶ―人間発達の生物学的・文化的基盤　ミネルヴァ書房）

Cushman, F., Young, L., & Greene, J. (2010). Multi-system moral psychology. In J. Dorris. (Ed.), *The moral psychology handbook* (pp. 47-71). Oxford: Oxford University press.

Fabes, R. A., Fultz, J., Eisenberg, N., & May-Plumlee, T. (1989). Effects of rewards on children's prosocial motivation: A socialization study. *Developmental Psychology, 25*(4), 509-515.

藤澤　文 (2018)．児童生徒の道徳性発達：「考え，議論する道徳」に向けた道徳教育プログラムの開発（継続）　上廣倫理財団研究成果報告書（未公刊）

Haidt, J. (2012). *The righteous mind.* New York: Pantheon Books.（高橋洋(訳)(2014)．社会はなぜ左と右にわかれるのか：対立を超えるための道徳心理学　紀伊國屋書店）

長谷川真里 (2008)．大人の拘束と道徳的実在論　渡辺弥生・伊藤順子・杉村伸一郎（編）原著で学ぶ社会性の発達 (pp. 58-59)　ナカニシヤ出版

Kahneman, D. (2011). *Thinking, fast and slow.* New York: Farrar, Straus and Giroux.（村井章子（訳）(2014)．ファスト＆スロー：あなたの意志はどのように決まるか　早川書房）

金井良太 (2013)．脳に刻まれたモラルの起源　岩波書店

永野重史（編）(1985)．道徳性の発達と教育―コールバーグ理論の展開　新曜社

内藤俊史 (1987)．道徳性と相互行為の発達―コールバーグとハーバーマス―　藤原保信・三島憲一・木前利秋（編著）　ハーバーマスと現代 (pp. 182-195)　新評論

Piaget, J. (1932). *The moral judgment of the child.* (translated by M. Garbain). New York: Simon & Schuster.（大伴　茂（訳）(1954)．児童道徳判断の発達　同文書院）

Selman, R. (1971). The relation of role taking to the development of moral judgment in children. *Child Development, 42*, 79-91.

Selman, R. (2003). *The promotion of social awareness: Powerful lessons from the partnership of developmental theory and classroom practice.* New York: Russell Sage Foundation.

繁多　進（2016）．愛着理論の基礎　田島信元・岩立志津夫・長崎　勤（編）　新・発達心理学ハンドブック（pp. 129-139）　福村出版

Sets, J. E.（2016）. Rationalist vs Intuitionist views on morality: A sociological perspective. In C. Brand（Ed.）, *Dual-process theories in moral psychology: Interdisciplinary approaches to theoretical, empirical and practical considerations*（pp. 345-366）. Germany: Springer.

首藤敏元（1992）．領域特殊理論―チュリエル　日本道徳性心理学研究会（編）　道徳性心理学―道徳教育のための心理学―（pp. 133-144）　北大路書房

Turiel, E.（1998）. The development of morality. In N. Eisenberg（Ed.）, W. Damon（Series Ed.）, *Handbook of child psychology*（5th ed., Vol. 3）. *Social, emotional, and personality development*（pp. 863-932）. New York: Wiley.

宇佐美公生（2013）．道徳の自然主義的基盤についての検討のためのノート　岩手大学教育学部附属教育実践センター研究紀要，12，1-14.

Wong, H.（2009）. *First days of school-How to be an effective teacher.* Harry K. Wong Publications.（稲垣みどり（訳）（2017）．世界最高の学級経営―成果を上げる教師になるために　東洋館出版社）

第 5 章　思春期・青年期の発達

　思春期・青年期は，子どもから大人への過渡期にあたる。思考や認知は，自分の内面に目を向け，それまでとは異なる自分や他者の存在に気がつくことが可能になり，身体は性的な成熟期を迎え，新たな自分の身体に向き合うことになる。

　ルソー（Rousseau, 1762 今野訳 1963）は『エミール』の著書のなかで，「わたしたちは，いわば，二回この世に生まれる。一回目は生存するために，二回目は生きるために。はじめは人間に生まれ，つぎには男性か女性に生まれる。……ここで人間はほんとうに人生に生まれて」くるとし，青年期が「第二の誕生」の時期であるとしている。今から 250 年以上前に書かれたこの著書は，青年期が今も昔も変わらず自分自身の生き方や社会のなかでの自分を初めて見つめ，大人に向かって新たに歩み始める時期であることを示している。

1.　身体・心理的発達

(1) 身体の成熟：第二次性徴

　思春期は，身体の変化とともに始まる。私たちは受胎以来発育を続けていくが，常に同じペースで発育していくのではなく，大きく発育する時期が 2 つあるとされている。例えば身長は生まれてから 1 年目にもっとも大きな伸びが見られ，それ以降は緩やかに発育を続け，その後女性は 10 歳から 11 歳に，男性は 12 歳から 13 歳に再び大きな伸びが見られる（図 5-1）。その伸びは「思春期スパート」と言われ，第二次性徴の時期と重なっている。

　「性徴」とは個体の性別を特徴づける性質を言う。第一次性徴とは出生時に性別を決定する要素となる生殖器の生物学的性差を指し，第二次性徴とはそれ

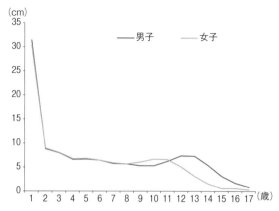

図 5-1　身長の発育量 (厚生労働省，2010；文部科学省，2010 より作成)

以外の性差を表す形態を指す。例えば男性は①変声，②男性型の恥毛，腋毛，髭の発毛，③広い肩幅と筋肉質の体つき，女性は①乳房の発達，②女性型の恥毛，腋毛の発毛，③狭い肩幅と広い腰幅，脂肪の沈着する体つきが挙げられ，第二次性徴の特徴とされる。これらの性的，身体的変化としては，男性より女性の方が数年早く発現することが特徴である。

　図 5-2 は大学生に対して初めて精通，月経（初潮）があった時期を尋ねた結果である（日本性教育協会，2019）。これを見ると，性的な変化は男性では 13 歳，女性では 12 歳までに 50% を超える割合で経験し，男性では 17 歳，女性では 15 歳で約 90% が経験していることがわかる。思春期は，そうした身体的な変化とともに始まることになる。

　ところで「発達加速現象」という言葉を聞いたことがあるだろうか。これは時代が進むにつれて，身長体重といった量的な面の成長が早まる現象（成長加速現象），そして第二次性徴に伴う初潮や精通といった質的な面がより低年齢で出現（成熟前傾現象）することを言う。つまり成長・成熟の年齢が，時代とともに早まる現象のことを言う。例えば 2000 年生まれの現在 17 歳の青年（平均身長：男 170.6cm，女 157.8cm）と，彼らの祖父母にあたる 1945 年生まれが 17 歳の青年（平均身長：男 165.9cm，女 154.4cm）だったときとを比較すると，男子の平均身長は 4.7cm，女子は 3.4cm 伸び，発達加速現象が見られる。

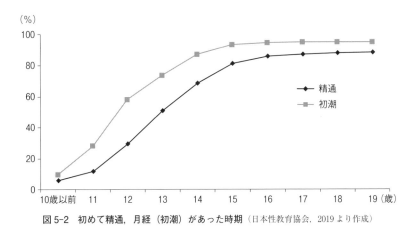

図 5-2　初めて精通，月経（初潮）があった時期（日本性教育協会，2019 より作成）

これを彼らの親の世代にあたる 1970 年生まれの 17 歳時（平均身長：男 170.3cm，女 157.8cm）と比較するとあまり変化は見られない（文部科学省，2018）。

また成熟について，女子の平均初潮年齢を見ると，1961 年では 13.26 歳，1987 年では 12.59 歳，その後 1997 年以降は 12.2 歳程度で安定し，2011 年は 12.23 歳となっている（日野林ら，2013）。年月とともに，初潮年齢が低くなり，50 年前と比較すると 1 歳程度低年齢化しているが，一方でこの 20 年は低年齢化が収束している。

量的，質的成長ともに 20 − 25 年ほど前と比較すると大きな変化は見られないが，50 − 60 年ほど前と比較すると発達加速現象が見られる。本来，人の発達は身体面と精神面とがバランス良く成長していくことが望ましい。しかし身体的な発達が早く進むようになり，以前は中学生くらいで第二次性徴が生じて思春期を迎えていた状況が，現代では小学高学年生で迎えることになる。小学生と中学生とでは，認知・思考の発達や，友人関係，親子関係などさまざまな面で異なっている。本来であれば，それまでの依存し，安定した親子関係から少しずつ自立し始め，自分について考え始めた中学時代に性的な成熟を迎えていたはずの状態が，現代では逆になり，精神的には自立に向かっていない時期に性的な成熟を迎えることになる。つまり思春期前の自立に向けた準備段階が

短くなったと言える。このことは青年の自立や自己の確立に少なからず影響を
与えているのではないかと考えられるが，明確な結論は出ていない。

(2) 思考・認知の発達：抽象的思考の確立

　思春期・青年期において変化するのは身体だけではない。認知発達はピアジェ
（Piaget, J.）の言う具体的操作期から形式的操作期に移り，それまで具体的に
示されなければ論理的に思考できなかった状態から，抽象の世界で論理的に物
事を捉えて思考できる状態へと変化する（詳しくは1章参照）。形式的操作期は，
仮説演繹的思考の成立が特徴として挙げられ，事実に反する仮定に基づく推論
や単なる可能性の推測が可能となる。例えば「ウサギはクマよりも大きい。ウ
サギはネズミよりも小さい。では，このなかで一番大きいのはなんでしょう」
といった課題は，実際には事実に反するが，青年は仮説に基づいて論理で考え
てこれらの課題に正答することができる。

　これらの思考が可能になることは，私たちの日常生活にどのように影響する
のだろうか。具体的操作期では，自分の身近なことや自分が実際に体験したこ
とに基づいて思考していた。しかし形式的操作期においては長い展望やさまざ
まな視点から多角的に状況を把握し思考することが可能になる。他者が自分の
ことをどう見ているのか認識して自分を捉えることや現実とは違う理想，その
理想に基づく価値について考えることができるようになる。そうなると自分自
身や親，社会に対しても，理想と照らし合わせて批判的に考えるようになって
いく。中学生くらいになると親や社会に反抗するようになるのは，こういった
認知発達が背景にあって生じていることである。青年は徐々に社会のなかでの
自分を捉えながら将来を考え，自分自身とは何かといった青年期特有の課題（ア
イデンティティの危機：次節参照）に向き合っていくことになる。

　ピアジェは当初，11歳〜12歳以降であれば誰にでも，形式的操作が可能に
なるとしていた。しかしその後さまざまな研究者から，形式的操作期における
認知発達が，この時期のすべての青年に同じようには達成されないことが示さ
れた（詳細は1章参照）。つまりすべての青年が同じ時期に同じような形式的
操作が可能にはなるとは言えないのである。ピアジェ自身はこのことについて，
形式的操作の獲得は文化的社会的環境によって発達の速度が異なること，人の

興味や適性によって達成される領域が異なることなどを挙げている（Piaget,
1972）。

　これらのことは，青年が抽象的に何をどこまで考えられるのか，考えようと
するのか，またどういったことに興味をもち，深めていくのかについて，個人
の興味関心の領域，さらに個人が置かれた環境に左右され，同じ年齢であって
も個人によってかなり差があることを示している。

2. 青年期の課題：エリクソンの心理社会的発達理論

(1) ライフサイクル論

　エリクソン（Erikson, E. H.）は，人の誕生から死ぬまでの生涯発達をライ
フサイクルと呼び，人の発達を乳児期から老年期までの8段階に設定した発達
段階モデルを提唱した。この発達段階モデルは，漸成的発達という発生学の考
えを取り入れている。漸成的発達とは，例えば人が成長する際，身体の各器官
は各々固有の発生時期があり，段階を踏んで徐々に作り上げられていくことを
言い，エリクソンの考えでは，人の心理社会的な発達も適切な条件が整えば，
誰もが漸成的な法則に沿って順調に発達していくと仮定している。そして各発
達段階ごとに固有の発達課題を漸成的図式（epigenetic chart）を用いて示し
た（図 5-3：Erikson & Erikson, 1997 村瀬・近藤訳 2001）。この漸成的な発達
法則は，人は誕生以来，さまざまな他者に出会い，各文化による社会的習慣に
触れ，そういった社会との相互作用を通して発達していくことを前提として作
成されている。

　漸成的図式では，各段階において，成長を支える肯定面と，試練を示した否
定的面の両方の危機が強調され，それぞれの段階で危機に直面し，葛藤を解決
していくことが成長にとって重要だと考えられている。図 5-3 では乳児期にお
いて，肯定的な面として「基本的信頼」，否定的な面として「基本的不信」が
設定されている。「基本的信頼」とは，不快なときに快にしてくれる養育者の
存在や養育者との関わりを通して乳児が獲得するもので，乳児の外界に対する
信頼感を指し，生きていく自信，自分への自信につながるものとされる。「基
本的不信」とは，そういった信頼感を損なうことを指すが，しかしどの乳児も

	1	2	3	4	5	6	7	8
老年期　Ⅷ								統合 対 絶望, 嫌悪 英知
成人期　Ⅶ							生殖性 対 停滞 世話	
前成人期　Ⅵ						親密 対 孤立 愛		
青年期　Ⅴ					同一性 対 同一性混乱 忠誠			
学童期　Ⅳ				勤勉性 対 劣等感 適格				
遊戯期　Ⅲ			自主性 対 罪悪感 目的					
幼児期初期　Ⅱ		自律性 対 恥, 疑惑 意志						
乳児期　Ⅰ	基本的信頼 対 基本的不信 希望							

図 5-3　エリクソンの心理社会的危機の漸成図式（Erikson & Erikson, 1997 村瀬・近藤訳 2001）

信頼だけでなく、不信につながる経験もする。心理社会的順応において必要なことは、葛藤や試練に向かいながら基本的不信に優る割合で基本的信頼を発達させることだとされる。そして「好ましい割合」の産物として「徳（virtue）」を得るとしている。乳児期にとってそれは「希望」であるが、エリクソン（Erikson, 1963 仁科訳 1977）は「信頼は希望の証であり、この世の試練と人生の苦難から我々を守る一貫した支えである」としている。

　1つの段階から次の段階への進行については、対角線が次に来たるべき危機を指しているが、各危機は先々の段階に特有の形で再度経験されることになる。例えば乳児期の基本的信頼感が獲得されてなければ、青年期の危機であるアイデンティティ（自我同一性）を形成することが困難になるし、また獲得されていたとしても、それが青年期に生じる自他への信頼につながるものとしてどのように発達してきているのか、新たな危機に直面することなる。

(2) アイデンティティの形成

　アイデンティティ（自我同一性）とは，先に示したようにライフサイクル論のなかで青年期に示された危機のことである。否定面はアイデンティティの混乱となっている。

　アイデンティティの説明に入る前に少し，エリクソンの生涯を見ていきたい。エリクソンは，ユダヤ系の母親のもとに，父親のいない子どもとして1902年にドイツで誕生した。3歳のときに母親の再婚相手であるユダヤ人の養父を得るが，「実の父親は誰か」という気持ちをもち続けて育った。1933年，ドイツでのナチスの台頭が顕著になると，エリクソンはアメリカ出身の妻とともにアメリカに移った。「……父親を知らず，……また，複雑な人種的，宗教的背景を持つ」と自らを称したエリクソンは，移住後に養父の名字であるホンブルガーから改名し，自分のエリクという名前に「ソン（son ＝息子）」をつけ，名字をエリクソンとした。「私は自分自身をエリクの息子にしました。自分自身の創始者になる方がいいのです」と述べたという（Friedman, 2000 やまだ・西平監訳 2003）。エリクソンにとってその半生は，父親を知らないこと，祖国ではないアメリカで生活するということによって，「自分とは何か，自分はどこに属しているのか」という問いに長く向かい合うことになったと言える。

　アイデンティティというのは，エリクソンが向き合ってきた課題に等しく，「我々が何者であり，何者になろうとしているのか」という感覚のことである。つまりエリクソンのアイデンティティの概念は，彼自身が背負った人生の危機とともに打ち立てられたと言ってもいい。エリクソンによればアイデンティティは，過去から現在にわたって自分が時間的に連続しているという感覚（連続性），自分が他の誰とも違う独自の存在であるという感覚（斉一性）をもっているという実感があることが重要となる。そして「自分は自分である」という実感は，「自分は日本人である」「自分は○○という仕事をしている」といったことを含み，しかしそれは自分だけが納得していればいいわけではなく，他者や社会からの期待や要請と一致しているもので，自己と社会との相互性のなかに位置づけられたものでなければならない点に特徴がある。

　またこの段階における否定面はアイデンティティの混乱とされ，エリクソンは混乱のひどい状態として以下の4つを挙げている（Erikson, 1959 西平・中

島訳 2011）。

1．親密性の問題：友情や愛情を必要とする他者との関係を築くことに警戒し，緊張することによって自らが孤立するか，形式化した人間関係しか保てなくなる。逆に自分にとって危険な存在だと思われる人を拒否する能力が弱く，人との適切な距離を取ることができない。
2．時間的展望の拡散：過去，現在，未来にわたる自分の人生の実感がもてず，無力感に陥ること。またそういった状況への不信感や恐怖心から，絶望感を抱くこと。
3．勤勉の拡散：自分の能力に対する不安から，必要な課題や仕事に集中できない，もしくは1つのことに熱狂的になり自己破壊的な投入をすること。
4．否定的アイデンティティの選択：家族や地域社会が適切で望ましいとしている役割に対する敵意や軽蔑を示し，危険で望ましくないものに惹かれて同一視し，そこに自らの役割を見出すこと。

　アイデンティティの形成は青年期の発達段階の危機として描かれているが，人生は，就職や結婚，子育てなど，その都度自分自身の生き方と社会からの要請との間で「自分はこうある」ということを決めていかなくてはならない。青年期のアイデンティティが危機を乗り越えて確立されることは，今後の発達段階での出来事をより主体的に安定的に取り組んでいけることにつながる土台として重要な意味をもっていると考えられている。

(3) モラトリアム

　モラトリアムとは，経済用語で「支払い猶予」，「猶予期間」という意味である。エリクソンは真のアイデンティティを形成するために，青年が自分を模索し，さまざまな役割を試みることができる期間を社会が保証する必要があると考え，その期間をモラトリアム（心理社会的猶予期間）とした。最近では，働かない青年に対して「モラトリアム」という言葉をいわば否定的に使うことがあるが，実際には大人としての義務と責任を問われることのない立場で，自分とは何かという問いに向き合い，安定した就業など，将来に向けた準備時期のことを言う。そういった意味で，高校，大学時代はモラトリアムとして自分の生き方，価値観，職業などを決定し，アイデンティティの形成につなげていく重要な時期である。

実験紹介　自我同一性の発達と妥当性
Marcia（1966）

問題　自我同一性と同一性混乱は，青年期後期に生じる心理社会的危機の肯定面，否定面である（Erikson, 1963）。自我同一性の先行研究では，自我同一性が達成して生じる特徴（現実 – 理想自己の相違，複数の役割における自分の行動）について調べているものの，達成程度を決定するための心理社会的基準を扱っていないし，また自我同一性の達成を間接的にしか分析していない。そこで本研究では，自我同一性の達成程度（自我同一性地位）を類型化するために，同一性危機に関するエリクソンの理論に合致した基準を用いて測定した。

方法
［実験協力者］男子大学生 86 名
［課題］1. 実験協力者の自我同一性地位を決定する：半構造化面接（15 分〜 30 分）実験協力者は，職業・宗教・政治（後者 2 つはイデオロギーに関するもの）の 3 領域について決められた質問を受ける（職業に関する質問例：「もし何か，より良いものがあるとして，あなたは現在目指しているものをあきらめようと考えますか？」など）
2. 同一性達成の全体を測定し，妥当性を検討する：自我同一性に関する文章完成法（23 項目，自我同一性全体の達成度を点数化する）
3. 同一性地位の特徴を確認する：a. 概念達成課題，b. 権威主義的態度，c. 自尊感情の安定性に関する調査
　これらの課題は次の手順で行われた。①大学のクラスで文章完成法を実施，さらに質問紙を用いた権威主義的態度，自尊感情（1 回目）を測定。②半構造化面接を実施（約 2 か月を有した）。③別日に概念達成課題を実施。その際ストレス状況を設定するため，実験者は実験協力者に「（この課題）大学での成功を予想するもの」と伝え，実施している最中も「緊張しないで」などとストレス状況をあおる。④③の後別室に通され，実験協力者の自信を揺るがす否定的な情報を含んだ（もしくは自信がつく）偽りの質問をする。⑤その後他の部屋に移され，自尊感情（2 回目）を測定。⑥数日後，実験協力者は実験者が偽りの質問をしたことに関して説明をしたハガキを受け取る。

結果と考察
［自我同一性地位の類型］半構造化面接によって実験協力者を 4 つの自我同一性地位に類型化した。類型化に際しては，1. 危機（crisis）の有無：選択に迷い，決定しようと悩んだ経験の有無，2. 傾倒（commitment）の程度：自分の目標や信念を明確に表現し，それに基づいて行動する程度といった 2 つの基準を設けた（表参照）。そして実験協力者の逐語から「職業・宗教・政治」の 3 領域ごとに自我同一性地位を評定し，さらにその評定値から全体の自我同一性地位を決定した。この結果，実験協力者は，同一性達成 18 名（20.9%），モラトリアム 23 名（26.7%），早期完了 24 名（27.9%），同一性混乱 21 名（24.4%）に分けられた。

［各類型の特徴］各類型の特徴は以下の通りだった。

　自我同一性達成：自我同一性の得点がもっとも高かった。ストレス下での概念達成課題でもっとも良い成績を示し，権威主義の得点では他の類型より多少得点が低かった。自尊感情は否定的な情報によって大きく変化することはなかった。

　モラトリアム：概念達成課題での成績でばらつきがあった。その他の測定は自我同一性達成と結果が似ていた。

　早期完了：忠実，強いリーダーシップ，権威への尊敬という権威主義的価値への支持が見られた。自尊感情は否定的な情報に脆弱だった。ストレス下での概念達成課題の成績が同一性達成群より低く，概念達成課題で失敗した回答は非現実的なものだった。多くの課題でもっとも低い得点を示した。

　同一性混乱：同一性達成群と対極となる群で，自我同一性に関する文章完成法の得点において4群のなかでもっとも得点が低かった。またストレス下での概念達成課題が，同一性達成群より全体に成績が低かった。

　本研究によって自我同一性を形成する心理社会的課題に対処する個人のスタイルとして4つの自我同一性地位を見出すことができた。

表　自我同一性地位の類型化

自我同一性地位	危機	傾倒	概略
同一性達成	経験した	深く傾倒している	職業については真剣に考え，最終的には自分で決定している。イデオロギーについては過去の信念を再評価し，自由に行動している。環境の変化や想定外の責任に圧倒されるようには見えない。
モラトリアム	経験中	傾倒しようとしている	傾倒するために激しい葛藤を露わにしている。親や社会の要請と自身の能力の間で妥協を試みている。困惑は解決に向けて内的没頭をしていることから生じている。
早期完了	経験していない	傾倒を表現しない	親の目標と自分の目標とを分けることが困難である。他者が準備し意図したものを目指し，彼の信念（もしくはその欠如）は実質的には親の信念と同等である。堅苦しいパーソナリティが特徴である。
同一性混乱	経験したかもしれないし，していないかもしれない	傾倒に欠ける	職業については決定していない，もしくはあまり関心がない。好きな職業について話すものの，毎日の仕事として考えていないように見える。イデオロギーについては興味がない，もしくは何が良いのかわからない。

3. 対人関係の発達

(1) 友人関係

　青年は認知や身体の発達的変化を経験して成人になっていく。その過程でそれまでの安定した依存関係で成り立っていた親に対して甘えをともないながらも反抗し，自立への一歩を踏み出すことになる。親への依存と自立の間で揺れながら，新たに依存可能な相手として，また悩みや考えをともに語り合える相手として同世代の友人の存在が重要となっていく。実際に「友だちに悩みを話す」割合は小学4～6年生，中学生，高校生と発達するにつれて多くなり（図5-4：ベネッセ教育総合研究所，2015），この時期に徐々に友人が重要な存在になっていくことがわかる。

1) 思春期，青年期の友人関係の発達

　友人関係の発達にはいくつかの特徴が示されている。まず思春期に入る前の児童期から見ていきたい。小学校中学年を過ぎるころになると，遊ぶ相手が定まるようになり，徒党を組んだ「仲間遊び」が見られるようになる。この時期をギャング・エイジと呼び，この仲間集団はギャング・グループと呼ばれる。この仲間集団は自発的に形成され，大人の知らない秘密の遊びを好み，大人が作り上げたルールとは異なる仲間同士のルールを守り，団結性が強いことが特色である。仲間集団のなかで自らの役割を遂行する経験，また排他的であるゆえに仲間から排除される経験など，集団内での社会的規範，および問題解決といった社会的スキルを学んでいく。しかし近年，ギャング・グループは衰退したと言われている。遊び場の減少や塾や習い事による放課後の自由時間の縮小，さらにせっか

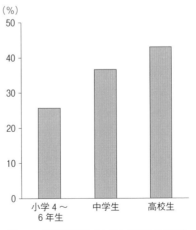

図5-4　学校段階別「友だちに悩みを話す」
（ベネッセ教育研究所，2015）

く自由な時間ができても各々がゲームをしたりと，仲間同士で活発に外で遊ぶことが少なくなり，仲間集団での経験は以前より得にくくなっている。

　児童期が進み，児童期後期から思春期に入るころになると情緒的な少人数の友人，つまり親友を作るようになる。親友についてはサリヴァンにおける「チャム（chum）」の存在が知られている（Sullivan, 1953 中井他訳 1990）。同性の特定の「水入らずの親友」との親密性は相手の幸福が自らの幸福と同じくらい大事であると感じる状態とされ，この親密的な関係のなかで，互いの感情や考えを包み隠さず話し，親友の自分に対する反応や態度を見て，自分の性格や行動を見つめることが可能になるとされる。須藤（2008）はこの親友関係の意義として，大人への移行期に同類だという安心感，精神的安定を与え，心理的保護の役割を担うこと，親との交流では見出せなかった新たな自分を発見し，いまだ不確定な自分のあるべき姿を模索すること，さらに後に異性との関係を築くための第一歩になることを挙げている。親友との親密な体験は，自分を知り，今後社会においてさまざまな人と関係を築く際の礎になると言えよう。

　また保坂・岡村（1986）は，友人関係の発達について3つの位相を提案し（表5-1），ギャング・グループ（gang-group）や親友関係（チャム・グループ：chum-group）の次の段階として，高校生以上を想定した「ピア・グループ（peer-group）」を提示している。ピア・グループとは友人と互いの価値観や理想，将来の生き方などを語り合う関係で，内面的にも外面的にも互いに自立し

表5-1　思春期・青年期の友人関係の3つの位相（保坂・岡村, 1986 を改変）

1　ギャング・グループ（gang-group）	小学高学年頃，思春期の発達課題である親からの分離−個体化のための仲間集団を必要とし始める時期に現れる徒党集団である。同一行動による一体感を重んじ，集団の承認が家庭（親）の承認より重要になってくる
2　チャム・グループ（chum-group）	中学生あたりによく見られる仲良しグループである。このグループは，興味・趣味やクラブ活動などで結ばれ，互いの共通点・類似性を言葉で確かめ合うのが基本となっている
3　ピア・グループ（peer-group）	高校生以上において，チャム・グループとしての関係に加えて，互いの価値観や理想・将来の生き方等を語りあう関係が生じてくるグループである。ここでは，共通点・類似性だけでなく，互いの異質性をぶつけ合うことによって，他との違いを明らかにしつつ自分の中のものを築き上げていくことが目標になってくる。

た個人としての違いを認め合うことが可能になる関係が特徴である。

　では，調査において友人関係がどのように変化していくのか見てみよう。小学1年〜6年生に「友だち」というテーマで作文を書いてもらった結果を見ると，1年生では「友だち」とは一緒に遊んで楽しいと思える存在で，2年生では遊ぶ子が少しずつ固定してきて，助けてもらう，励ましてもらうといったやさしいと考えられるものが「友だち」として挙げられていた。3年生以降は助け合う，支え合う存在へ，高学年生では相手の内面に目が向き，心理的に支え合う存在，わかり合える存在へと変化していくことが示されている（松永，2017）。

　また，中学生から大学生の交友活動の発達的変化を検討した質問紙調査によると，中学生では女子は好きなテレビ番組の話をする，トイレに一緒に行くといった趣味や行動の類似性を重視した親密的な関係，男子は友人と一緒に遊ぶ，一緒にいるといった類似の活動を重視した関係であることが示されている。その後女子は高校生になると長電話をする，カラオケに行くなど閉鎖的な関係が主となり，大学生では男女とも価値観や将来のことを話すといった互いの相違点を認め合い，相互に理解し合う関係を築くことが報告されている（榎本，2003）。これらの発達的変化は，先に示した青年期の友人関係の3つの位相と等しく，青年期の友人関係は，実際にも同質的な関係から異質性を受け入れた関係へと変化していくと言える。同じであることによって受容し受容され，その安心感を土台に自分自身に深く目を向け，社会の中での自己を確立していくのであろう。自己の確立が進み，自分自身に自信が持てるようになると，友人と同質である必要がなくなり，互いの価値観やそれにともなう違いを尊重した個別的な友人関係を築くようになると考えられる。

2）青年期の友人関係の難しさ

　青年の発達にとって友人は大きな存在であり，そこで生じる出来事は学校生活を始めとした社会生活への適応に関わる問題につながることがある。中学校時代の同質的な友人関係は，凝集性や親密度が高いために，違うものを排除したり，また単に仲間の誰かを排除することで残りの友人同士の凝集性を維持しようとすることがある。女子大生にレポート調査を実施し，思春期，青年期の同性友人関係の「よかったこと」「難しかったこと」を振り返ってもらったと

ころ（須藤，2012），「よかったこと」として友だちと付き合ったことによって自分に自信が持てたこと，感覚や感情の共有，居場所が得られたことなどが挙げられる一方で，「難しかった」こととして親密さのために同じ行動，悪口を強制されるなど，グループによる拘束，束縛が挙げられ，「グループ内のいじめ」について触れられているものも多く見られた。そこでは周囲との関係を維持するための方略の 1 つとして，ターゲットを次々と変えて「いじめ」が行われるということが報告されている。最近ではギャング・グループのような仲間遊びが減少し，遊びのなかで自然に学んでいた「排除され，排除する」経験や自分たちで作ったルールを暗黙に守る社会的規範が弱くなり，中学生での親密的な友人関係において，今まであまり経験したことがない排除される出来事が，限度を超え，規範を無視した形で深刻な事態を招いているとも考えられる。

　また現代では，友人関係を作り出し維持するためのチャンネル（手段）が，インターネット，携帯電話を含めて増えたことから，青年は状況によって友人を使い分け，付き合う相手を自由に切り替える「状況志向」が高まっているという指摘がある（浅野，2006）。そういった「状況に応じた切り替え」について，高校生，大学生を対象とした調査において，「自己切り替え」（その場の雰囲気によって自分のキャラ（性格）が変わる），「対象切り替え」（相談内容によって友人を変える）といった 2 面を見出した報告がある（大谷，2007）。

　青年の友人関係は成人期へと向かう心理的支えとなる定型的発達の特徴に加えて，時代の変化にも影響を受けてそのあり方は変わっていく。特に近年の友人関係は情報化社会の中でより複雑になり，不特定多数の人とインターネットを通してすぐに知り合うことができる。こういったかつてない環境が，青年に何をもたらすのかは今後注視する必要がある。

(2) 異性関係

　第二次性徴が発現するころから，青年にとって異性との関係は大きな関心の 1 つになる。大学生を対象に「初めてデートをしたのは何歳でしたか？」という質問への回答結果（図 5-5：日本性教育協会，2019）では，初めてデートをしたのは 14 - 15 歳が最も多く，おおよそ中学生の終わりくらいから異性と出かけたりするようになることがわかる。図 5-6 は中学生から大学生を対象に「あ

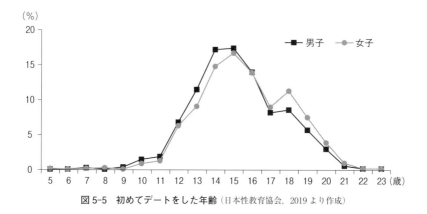

図 5-5　初めてデートをした年齢（日本性教育協会，2019 より作成）

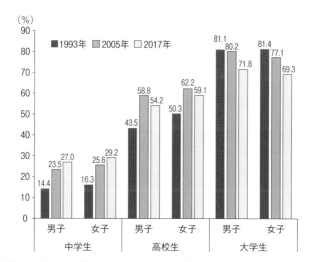

図 5-6　今までにデートをしたことがある割合（日本性教育協会，2019 より）

なたは，いままでにデートをしたことがありますか？」に「ある」と回答した割合について，時代別に示した結果である（日本性教育協会，2019）。これを見ると，学校段階が進むに従って，デートをする割合が増え，大学生ではおおよそ 7 割程度がデートの経験があることがわかる。時代的変化に注目すると，約 25 年間，つまり親子世代に等しい期間で，大学生は異性とのデート経験が

1 割以上減り，逆に中学生は 2 倍近く増えている。つまり異性関係は少しずつ低年齢化していると言えよう。

　異性関係は，同性との友人関係を充分に経験したうえで始めて健全に成立されると考えられている。同性の友だちと親密な関係がもてずに異性と親密的な関係がもてるとはあまり考えられないだろう。またそもそも価値観や生活パターンが異なる異性を受け入れて付き合っていくには，それまでの友人関係においても互いに異なる面を受け入れ，尊重する経験がないとスムーズには運ばないであろう。

　大野（1995）は，エリクソンのアイデンティティの考え方を用いて，アイデンティティが形成されていない段階での恋愛について，恋人を自分を映す鏡として使い，「相手に映った自分の姿」に最大の関心を払ってしまうとしている。そこでは相手を幸福な状態にしようという努力も配慮もなく，その結果，相手に安らぎも喜びも与えることはなく，同時に，相互性としての愛する喜びも感じることはできないとする。こういった「親密性が成熟していない状態で，かつ，アイデンティティの統合の過程で，自己のアイデンティティを他者からの評価によって定義づけようとする，または，補強しようとする恋愛的行動」を「アイデンティティのための恋愛」とした。そしてその特徴として，①相手からの賛美，賞賛を求めたい（好きだ，素敵だといって欲しい），②相手からの評価が気になる（「私のことをどう思う？」という），③しばらくすると，呑み込まれる不安を感じる，④相手の挙動に目が離せなくなる（「相手が自分のことを嫌いになったのではないか」と気になる），⑤結果として交際が長続きしないことが多い，とした。自分のアイデンティティに自信がもてないために，相手の自分への評価が非常に気になり，賞賛し続けてもらわないと自己の基盤が危うくなることを指している。異性との安定した関係を築くには，同性の友人との間でさまざまな経験をし，個人がアイデンティティを形成していなければ難しいということになろう。

■引用文献

浅野智彦（2006）．検証・若物の変貌—失われた 10 年の後に　勁草書房

ベネッセ教育研究所（2015）．子どもの生活と学びに関する親子調査 2015　ベネッセ教育研究所　https://berd.benesse.jp/up_images/research/kodomoseikatsu_digest_web_all.pdf（2019 年 9 月 15 日）

榎本淳子（2003）．青年期の友人関係の変化―友人関係における活動・感情・欲求と適応―　風間書房

Erikson, E. H.（1959）. *Identity and the life cycle*. New York: International University Press.（西平　直・中島由恵（訳）（2011）．アイデンティティとライフサイクル　誠信書房）

Erikson, E. H.（1963）. *Childhood and society*（2nd ed.）. New York: W. W. Norton.（仁科弥生（訳）（1977）．幼児期と社会 I　みすず書房）

Erikson, E. H., & Erikson, J. M.（1997）. *The life cycle completed, Extended Version*. New York: W. W. Norton.（村瀬孝雄・近藤邦夫（訳）（2001）．ライフサイクル，その完結　みすず書房）

Friedman, L. J.（2000）. *Identity's architect: A biography of Erik H. Erikson*. Boston, MA: Harvard University Press.（やまだようこ・西平　直（監訳）　鈴木眞理子・三宅真季子（訳）（2003）．エリクソンの人生 上―アイデンティティの探求者　新曜社）

日野林俊彦・清水真由子・大西賢治・金澤忠博・赤井誠生・南　徹弘（2013）．発達加速現象に関する研究・その 27　日本心理学会第 77 回大会発表論文集，1035.

保坂　亨・岡村達也（1986）．キャンパス・エンカウンター・グループの発達的・治療的意義の検討―ある事例を通して　臨床心理学研究，*4*，15-26.

厚生労働省（2010）．平成 22 年度乳幼児身体発育調査　厚生労働省 https://www.mhlw.go.jp/toukei/list/dl/73-22-01.pdf（2019 年 9 月 15 日）

Marcia, J. E.（1966）. Development and validation of ego-identity status. *Journal of Personality and Social Psychology, 3*, 551-558.

松永あけみ（2017）．児童期における「友だち」という存在の認識の発達的変化―小学校 1 年生から 6 年生までの 6 年間の作文の分析を通して―　明治学院大学心理学紀要，*27*，49-60.

文部科学省（2010）．学校保健統計調査―平成 22 年度結果の概要　文部科学省 http://www.mext.go.jp/b_menu/toukei/chousa05/hoken/kekka/k_detail/__icsFiles/afieldfile/2011/03/25/1303380_2.pdf（2019 年 9 月 15 日）

文部科学省（2018）．学校保健統計調査―平成 30 年度（確定値）の結果の概要　文部科学省　http://www.mext.go.jp/component/b_menu/other/__icsFiles/afieldfile/2019/03/25/1411703_03.pdf（2019 年 9 月 15 日）

日本性教育協会（2019）．「若者の性」白書　第 8 回 青少年の性行動全国調査報告　小学館

大野　久（1995）．青年期の自己意識と生き方　落合良行・楠見　孝（編）　講座 生涯発達心理学 第 4 巻自己への問い直し―青年期（pp. 89-123）　金子書房

大谷宗啓（2007）．高校生・大学生の友人関係における状況に応じた切替―心理的ストレス反応との関連にも注目して 教育心理学研究，*55*，480-490.

Piaget, J.（1972）. Intellectual evolution from adolescence to adulthood. *Human*

Development, 15, 1-12.

Rousseau, J. J. (1762). *Émile ou De l'éducation.* France: Gallimard. (今野一雄 (訳) (1963). エミール (中)　岩波書店)

須藤春佳 (2008)．前青年期の親しい同性友人関係 "chumship" の心理学的意義について ―発達的・臨床的観点からの検討　京都大学大学院教育学研究科紀要, *54*, 626-638.

須藤春佳 (2012)．女子大学生が振り返る同性友人関係：前青年期から青年期を通して　神戸女学院大学論集, *59*, 137-145.

Sullivan, H. S. (1953). *The interpersonal theory of psychiatry.* New York: W.W. Norton. (中井久夫・宮崎隆吉・高木敬三・鑪　幹八郎 (訳) (1990)．精神医学は対人関係論である　みすず書房)

II 学習の過程

第6章　学習の基礎：メカニズム

　一般的な教育の現場では，教師は幼児や児童，生徒（以下，子ども）を指導し，彼らの心身や人格の健全な成長に加えて，さまざまな能力・知識・技能・行動を身につけさせることが求められる。この教育への要請の後半部分は，言い換えると，子どもにおいて比較的永続的な良い方向への変化が生じることを意味する。これは行動主義の立場に立つ学習心理学における「学習」の一般的な定義を教育場面に則した具体的な表現と言えよう。本章でははじめに，ワトソン（Watson, J. B.）によって提唱された行動主義とそれ以降の行動主義を振り返る。そして，古典的条件づけとオペラント条件づけの原理を概説する。

　古典的条件づけやオペラント条件づけは，要約すると複数の外的刺激を与えたり，反応や行動した後の結果を操作するといった，いわば学び手の外的環境の操作を重視した原理であり，主に学び手の行動や技能の変容に用いられる。これに対して，学び手がどのような能力や知識をすでにもっており，指導によってそれらがどのように変容するのか，どのように利用されるのかといった，いわば学び手の内的プロセスに注目して学び手の能力や知識を変容させる認知主義と呼ばれる立場がある。本章では，認知主義のもととなる基本的な考え方を振り返る。

　冒頭で述べた教育への要請の前半部分の「教師は幼児や児童，生徒を指導する」という記述は，効果的な教育には教える人，すなわち教師が必要であるということを意味する。この教師の必要性には知識は伝達されるものであるという考え方を含意する。しかしながら，稲垣・波多野（1989）は，教師から知識が伝達されなくても学び手は自ら知識を構成できるという構成主義に基づいた教育が効果的であると述べている。本章では，学び手が主体的に知識を構成できるとする心理学的構成主義を説明する。また，学習者自らが知識を構築して

いくものの，社会的文化的な関わりのなかでそれが起こるとする社会的構成主義についても概説する。

1. 行動主義

　心理学が哲学から離れて科学的心理学として歩み始めることに貢献したヴント（Wundt, W. M.）は，研究対象を意識とし，実験的に変化させた意識過程を直接主観的に内観する方法をとった。その後，アメリカでは，ティチナー（Titchener, E. B.）やジェームズ（James, W.）によって，ヴントの流れをくむ内観心理学が支配的であったが（Watson, 1930 安田訳 1980），ワトソンは客観的に観察することができない意識を主観的に内観する方法は科学的ではないとし，心理学は客観的な実験自然科学として研究対象を行動とし，刺激と観察可能な行動の機能的関係を明らかにするという行動主義を提唱した（Watson, 1913）。

　その後約100年の心理学の歴史のなかで，ワトソンが提唱した行動主義[1]は現在では徹底的行動主義と方法論的行動主義の2つに大きく分かれたと言える（渡邊, 2009）。徹底的行動主義の源流となるスキナー（Skinner, B. F.）は，外部から観察できない心的活動によって行動を説明することを否定し，行動の原因となっている環境事象がわかれば行動を予測でき，環境事象を操作することによって行動を制御できると考えた（Skinner, 1953）。行動主義と徹底的行動主義の違いは，前者は意識を研究対象にしないが，後者は意識も行動であり，後述するオペラント条件づけの原理で研究できるという点である。一方，方法論的行動主義[2]は，心的過程は行動に影響を与えると考え，行動を測定し分析することによって心的過程を明らかにすることができるという立場である。方

1　ワトソンの行動主義に基づけば，学習とは経験により刺激と反応が連合することを意味する。このことから，この行動主義に基づいた学習に関するさまざまな理論は行動主義的連合理論と呼ばれる。この連合理論に分類されるものには，ソーンダイク（Thorndike, E. L.）の結合説（bond），ガスリー（Guthrie, E. R.）の接近説（contiguity）などがある。
2　方法論的行動主義はハル（Hull, C. L.）やトールマン（Tolman, G. G.）によって始まったとされ，ワトソン以後，行動を研究対象として学習研究をリードしたハル，トールマン，ガスリー，スキナーは新行動主義者と呼ばれた。

法論的行動主義は，心的活動によって行動を説明することを否定する徹底的行動主義と異なり，また，意識などの心的過程を研究対象としない行動主義とも異なる。

2. 条件づけ

(1) 古典的条件づけ[3]

　古典的条件づけはロシアの生理学者パブロフ（Pavlov, I. P.）によって発見された現象である。図6-1 はイヌを被験体とした唾液分泌反応の古典的条件づけの場面を示したものである。イヌの口に食物が入ると唾液が分泌され，その量が口蓋からチューブを通して記録される仕組みになっている。この唾液分泌反応は食物という無条件刺激（Unconditioned Stimulus: US）に対して誘発さ

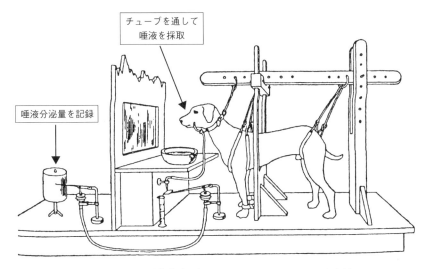

図6-1　イヌの唾液条件づけ場面（Yerkes & Morgulis, 1909 より改変）

3　この名称は，道具的条件づけと対置させる場合に用いられる。他にも，パブロフの名に基づいてパブロフ型条件づけと呼ばれたり，条件づけられる反応の性質に基づいてレスポンデント条件づけと呼ばれることもある（土江，2003）。なお，このような動物実験は現在は倫理の観点から禁止されている。

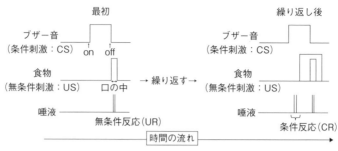

図6-2　ブザー音終了後に食物をイヌに与える手続き（対呈示試行）と
唾液分泌反応のタイミングを示した模式図

れる生得的な反射であり，無条件反応（Unconditioned Response: UR）と言う。
そして，イヌにブザー音を鳴らした後に食物（US）を与えるという手続き（対
呈示試行）を行うと（図6-2），手続き開始直後の最初の対呈示試行では，イ
ヌはブザー音が鳴ったときに唾液を分泌せず，食物が与えられたときに唾液を
分泌する（UR）。しかし，対呈示試行が繰り返されるにつれて，イヌはブザー
音が鳴ると唾液を分泌するようになる。この手続きにおけるブザー音は条件刺
激（Conditioned Stimulus: CS）と言い，条件刺激によって誘発された反応を
条件反応（Conditioned Response: CR）と言う。唾液分泌反応の古典的条件づ
けは「最初は反応を引き起こさなかった刺激（これを中性刺激という）が，
US との対呈示によって US がなくても CR を引き起こす CS になる現象」と要
約することができる[4]。

(2) オペラント条件づけと教育場面での応用事例

　オペラント条件づけは，「行動に結果がともなうことにより，その行動の頻
度が変化すること」と定義される（青山，2006）。オペラント条件づけによっ
て頻度が変化する行動をオペラント行動，オペラント行動の頻度を変化させる
刺激や出来事を強化子と呼ぶ。オペラント行動の結果として与えられ，その行
動の頻度を増加させる強化子は正の強化子または負の弱化子（好子）と呼ばれ，
一般に報酬性や好ましい性質を有している。一方，オペラント行動の結果とし

4　現在では，古典的条件づけという用語は中性刺激が条件反応を引き起こす条件刺激となる現
　　象，および，条件刺激と無条件刺激を対呈示する手続きを示す（土江，2003）。

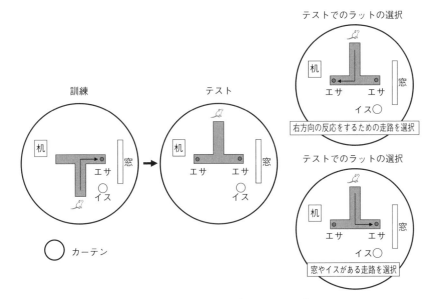

図6-3　Ｔ型迷路課題遂行中のラットの反応
テストによって，Ｔ型迷路遂行中にラットがどのような反応を学習したのかが明らかとなる。

て与えられ，その行動の頻度を減少させる強化子は負の強化子または正の弱化子（嫌子）と呼ばれ，一般に罰や嫌悪的性質を有している。Ｔ型迷路の学習（図6-3）は，オペラント条件づけで学習される３つの随伴性が含まれている。つまり，迷路の分岐点で（弁別刺激），どちらの走路に走っていけば（反応），餌があるかないか（結果）ということが学習される。この弁別刺激−反応−結果を３項随伴性と言う。オペラント条件づけとは，ある状況で行動をしたらどのような結果が生じたのかを学習することによって，そのような結果をもたらす行動の頻度が変化する過程でもある（実森・中島，2000）。

　オペラント条件づけの研究は，問題箱と呼ばれる装置（図6-4左）を使った実験によってソーンダイク（Thorndike, E. L.）が開始し，スキナーによって大きく発展した。スキナーはスキナー箱と呼ばれる装置（図6-4右）を使って動物が自由に何度も反応できるフリーオペラント法という手続きを開発した。スキナー箱では，ラットがレバーを押したり，ハトがキーをつつくと餌が呈示される仕組みになっている。そして，どのような規則で強化子を与えれば，オ

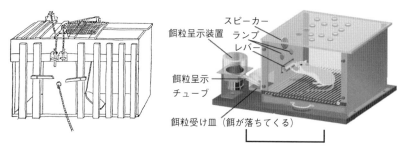

図6-4　ソーンダイクの問題箱（左）とスキナー箱（右）（Mazur, 2002 を改変）

ペラント反応の遂行にどのような特徴が見られるかを明らかにした（Ferster & Skinner, 1957）。強化子の与え方の規則を強化スケジュールと言う。スキナーはスキナー箱を用いた実験を通して，レバー押し行動の原因となっている環境事象（強化スケジュール）がわかれば，どのような環境でどのような行動が起きるかを予測することができ，また，環境を操作することによって行動を制御することができるための科学的な方法を確立しようとした。スキナーの考えは，日常場面におけるヒトの行動の分析にも適用できることから，今日では行動分析学として継承されている（実森・中島，2000）。

　スキナーは，一般的な教室では，オペラント条件づけの理論のうち，①即時強化，②到達目標となる行動を示すまでその行動への漸次的接近を分化強化すること，③嫌悪刺激ではなく報酬刺激を強化子として用いることが行われていないと指摘し，ティーチング・マシンを用いて，これらの理論に基づいたプログラム学習（9章参照）を提唱した（Skinner, 1968 村井・沼野監訳 1969）。即時強化とは，オペラント反応の出現直後に強化子を呈示することであり，その反応の自発頻度の変化にもっとも効果的である。漸次的接近の分化強化とは，到達目標となる行動に関連があり，強化する機会が十分にある反応だけ（例えば，レバー押し行動が到達目標であるならレバーの方を向く行動だけ）を選んで強化（分化強化）し，それによってその反応とそれに類似した反応の自発頻度が高まる（反応般化）。そして，その後に，いったんその反応に対する強化を中止する（消去）と，類似した新しい反応が自発するようになり，これを繰り返して到達目標の行動を形成させる手続きである。

(3) オペラント条件づけの4つのタイプと体罰との関連

　オペラント条件づけは，オペラント行動の「結果」として強化子が与えられる場合と強化子が除去される場合，さらにオペラント行動の「頻度」が増加する場合と減少する場合を組み合わせて，4つのタイプに分類することができる（図6-5）。正の強化は行動すると強化子が与えられ，その行動の頻度が増加する。一般的には好子が与えられる。負の強化は行動すると強化子が除去され，その行動の頻度が増加する。一般的には嫌子が除去される。負の強化の例としては，電車のなかで自分の子どもがぐずって泣きはじめたときに，その母親は周囲の迷惑にならないように子どもにお菓子を与えて泣き止ませた場合があてはまる。この母親の行動は，子どもが泣くという嫌子である嫌悪的な状況がお菓子を与えることにより除去されることになる[5]。同様に，正の弱化は行動すると強化子が与えられ，その行動の頻度が減少し，負の弱化は行動すると強化子が除去され，その行動の頻度が減少する。前者で与えられる強化子は一般的に嫌子であり，後者で除去される強化子は一般的に好子である。

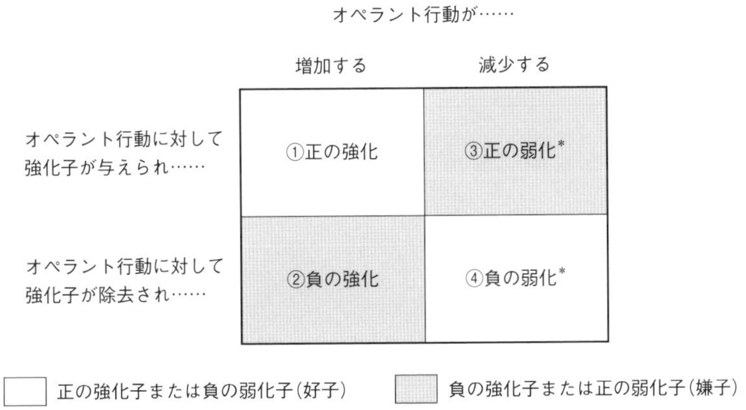

オペラント行動が……

	増加する	減少する
オペラント行動に対して強化子が与えられ……	①正の強化	③正の弱化*
オペラント行動に対して強化子が除去され……	②負の強化	④負の弱化*

□ 正の強化子または負の弱化子（好子）　　■ 負の強化子または正の弱化子（嫌子）

図6-5　オペラント条件づけの4つのタイプ
強化子の呈示・除去と行動の増加・減少の組み合わせ，および，使用される強化子の種類。
＊以前は正の罰，負の罰と呼ばれてきたが，近年は中立的な言葉として弱化と呼ぶようになってきている。

5　ただし，このような母親の行動は，子どもの泣くという行動に好子であるお菓子を与える正の強化を行っていることになるので注意する必要がある。

　教育場面で問題となる体罰は，オペラント条件づけの4つのタイプのうち正の弱化に関連する。すなわち，体罰とは問題行動や望ましくない行動を起こした子どもに対して，教師や指導者が暴力を与える手続きである。しかしながら，日本行動分析学会（2015）によると，正の弱化の原理に基づけば行動は減少するが一時的であり，さらに望ましい行動を起こすように変化することは決してない。また，体罰を用いることによってその他の問題が生じることが明らかにされている。以下に，吉野（2015）に基づいて，体罰をなぜ用いるべきではないのかをわかりやすく述べる。

　問題行動を起こして体罰を受ける場合，体罰を受けた子どもは望ましくない情動状態が生じてしまい，その状況から逃げ出したり，攻撃行動を引き起こし周囲を混乱させてしまう。一方，過去に逃走，攻撃などさまざまな行動を繰り返しても状況が変わらないという経験を重ねていれば，体罰を受けることで最初から行動を停止して，ある種のひきこもりのような反応が生じるかもしれない。また，体罰によって問題行動は抑制されるが，その抑制効果は一時的であり，問題行動に対して体罰を与えるという正の弱化の手続きを止めると問題行動が回復する。さらに，体罰を与えるヒトが弁別刺激となり，そのヒトがいる場面では問題行動が生じにくくなるが，そのヒトがいない場面では体罰によって抑制されていた時よりも問題行動の頻度が増大する。最後に，正の弱化を行う状況では，体罰を与える教師にとって許し難い嫌子（問題行動など）が存在していることになる（この嫌子は，体罰を受けることになる子どもが引き起こしている）。そして，体罰を与えることによって一時的ではあるが問題行動などが消失すれば，体罰を与える教師において負の強化が生じることになる。さらに，問題行動が消失したことによって社会的な評価を受けた場合は，体罰を与えることが正の強化を受けることになり，体罰の使用がエスカレートする可能性がある。しかしながら，体罰の使用がエスカレートしても，問題行動が望ましい行動に変化することは決してない。

　それでは，体罰を用いずに問題行動を抑制するにはどういう方法があるのだろうか。日本行動分析学会（2015）によると，問題行動を自発するということは，その行動が何らかの形で強化されていることを示唆する。したがって，まず問題行動を引き起こし，強化している要因を分析する（これを機能分析と言

う）。そして，問題行動を引き起こしている強化を中止させる消去手続きを行うが，この手続きを行うのが難しいときには，問題行動を引き起こしている強化を別のより望ましい行動に対して行う。これによって，望ましい行動を増やしながら問題行動を減らすことができる。また，負の弱化の原理を応用した「反応コスト法」や「タイムアウト法」と呼ばれる非暴力的な方法も開発されている。反応コスト法とは，問題行動を起こすと好きなものが失われる手続きである。望ましい行動を行うと好きなものと交換できるトークンを得ることができるトークンエコノミーに反応コスト法（問題行動を起こすとトークンが失われる）を組み合わせて，非行を働いた青少年に実施した結果，問題行動が減少することが報告されている（Phillips, 1968）。タイムアウト法とは，問題行動を行うと，好きなことを行う機会や好きなものに接触する機会が失われる手続きである。具体的な例としては，アイスホッケーで反則を犯すと，一定時間退場させられプレーができないというルールが該当する。

3.　認知主義

　オペラント条件づけ手続きに基づいた学習は，強化を適切に行うことで，刺激と反応の連合[6] として学習者に反応頻度を変化させる学習である。一方，スキナー箱でのレバー押し行動は，レバーを押すという行動が身についたのではなく，知識が獲得されたから生じるとする立場がある。この立場では，学習とは問題解決場面における学習者の能動的な心的活動であり，経験によって目的と手段の関係についての認知が生じるとする。これらの立場は，認知主義に基づいた教育方法の基本となる考え方を含んでいる。

(1) トールマンのサイン学習とケーラーの洞察学習
　トールマン（Tolman, G. G.）によると，学習は知識の獲得であり，スキナー箱でのレバー押し行動は「レバーを押せば餌を食べることができる」という知

6　現在では，オペラント条件づけは刺激と反応の連合による学習であるとの考え方は一般的ではなく，反応と結果の関係性による目標指向行動の学習という側面も含んでいる（Nevin, 1999）。

図6-6　問題解決場面におけるチンパンジーの洞察学習（Atkinson et al., 1983 より作成）

識が獲得されたから生じると考える。この場合，レバーは餌の獲得（目標）にとって意味のある対象（サイン）であり，レバーを押す（手段）という行動をすれば目標を達成することができる。すなわち，サインと「手段‐目標」が一体化されたものが知識である。これらの要素が一体化することをサイン・ゲシュタルト説と言い，レバーが餌の獲得を達成するサインであることがわかるようになることをサイン学習という（Tolman, 1933）。

　同様に，学習を知識の獲得とみなしたケーラー（Köhler, W.）は図6-6のAのような状況にチンパンジーを置き，遠くにある果物をどのようにとるのかを観察した（Köhler, 1925）。チンパンジーはまず短い棒を引き寄せてから，次に長い棒を引き寄せて，この長い棒を使って果物をとった。また，別の状況では2本の棒のいずれもが短く，それらを使っても果物をとることができない場合に，それらの短い棒をつなぎ合わせて果物をとったと報告した。図6-6のBのような状況では，果物が手の届かない空間にぶら下がっており，そこには踏み台になる箱がいくつも置いてあった。チンパンジーは最初飛びあがってぶら下がっている果物をとろうとしたが，やがて果物の下をうろうろしたのち，箱を持って果物の下に行って，それを積みあげて果物をとった。これらのチンパンジーの行動は，果物がとれない状況の構造，および，果物をとることにつながるすべての要素間の関係を理解できることを示唆する。つまり，チンパンジー

は棒や箱が果物をとるための道具であると洞察することができ，何を行えばどのような結果が生じるのかという知識を学習したのである。

(2) 有意味受容学習

　オースベル（Ausubel, D. P.）によって提唱された有意味受容学習は，認知主義の考え方である「学び手の内的プロセスに注目して学び手の能力や知識を変容する」例である（9章も参照）。これは教授者から学習する内容が呈示され（学習者はそれを受容し，学習者は受容した内容と関連のある知識をもっており，その知識と受容した内容を関連づけて行う学習である（Ausubel, 1963）。簡単な例として，「平行四辺形の内角の和は360度である」という学習内容を，2つの直線が平行であるときに錯角は等しいという知識に基づいて，平行四辺形の平行な2つの辺を伸ばして180度が2つで360度であると理解する場合は有意味受容学習が行われていることになる。呈示された学習内容と，学習者がもっている知識の関連づけを促進するものは先行オーガナイザーと呼ばれており，これは有意味受容学習を促進するためにヒントを与えるようなものである(9章も参照)。先行オーガナイザーは,説明オーガナイザーと比較オーガナイザーに大別することができる（杉原，2004）。前者は学習内容を要約したものであり，後者は学習内容と類似した内容である。

4. 構成主義

　構成主義とは，学習者自らが知識を構築していく過程が学習であるとし，知識はそれが使われる状況に結びついており，知識の構築は状況のなかで周囲の学習者と相互に交わり合いながら進むという考えである（西城，2012；久保田，2003）。構成主義は2つに大別される。学習者自らが知識を構築していくけれども，それは社会や他者とは無関係な個人的な営みとして起こることに焦点を置いた場合には心理学的構成主義と呼ばれる（中村，2007）。一方，知識の構成は,他者との関わりや道具の使用,社会的集団（実践共同体）での活動によって起こることに焦点を置いた場合には社会的構成主義と呼ばれる（中村，2007）。

　行動主義的，あるいは，認知主義的教育のいずれもが，学習者に客観的で同じ知識を身につけることが目的であったが，構成主義的教育は学習者自らが知識を構築していくため，個々の学習者が構築する知識は同じでなくても構わないと考えられている。また，教授者の役割では，行動主義と認知主義的教育では教師は正しい知識を保持しており，教師から生徒へ知識の転移を目指す（久保田，2003）。一方，構成主義的教育では，教師は学習者の支援者であり，学習者にとって多くのリソースの 1 つとみなされる。言い換えれば，行動主義と認知主義的教育は，教師が教えることが学習であるのに対して，構成主義的教育は子どもが中心となって自ら学ぶことが学習である（佐藤，1996）。

(1) 心理学的構成主義[7]

　ピアジェ（Piaget, J.）の発達段階説（Piaget, 1952 波多野・滝沢訳 1967）では，ヒトは発達段階に応じて外界を認識・理解する枠組みを複雑化させるとされている。この枠組みはシェマ[8]と呼ばれており，シェマが複雑になるほど知的に発達することになる。シェマは同化と調節によって複雑化する(1 章参照)。同化とは既存のシェマを外界にあてはめてシェマを拡張することを意味する。例えば，「大きい音を出して速く走る金属からできた箱のようなものは車だ」というシェマを，初めて見たバスやトラックにもあてはめて，「バスやトラックも車だ」と認識する。一方，調節は既存のシェマを外界にあてはめてシェマを修正することを意味する。例えば，「空を飛ぶものはロケットだ」というシェマを，アゲハ蝶も空を飛ぶがロケットではないので，「空を飛ぶものにはロケットやアゲハ蝶がある」というシェマに修正する。このように，外界からの情報のうち，初めて経験するものや，既存のシェマにあてはまらないものは認知的な葛藤を生じさせるが，同化と調節によってシェマと外界を調和させようとすることは均衡化と呼ばれる。

　心理学的構成主義の立場に立った教育では，子どもの獲得しているシェマ(複

7　松沼（2016）の解釈に基づくと，本章における心理学的構成主義と認知主義は心的内部において知識を構築するという点で共通していると考えられる。

8　家野（2000）は，ピアジェの新しいシェマの構成による学習の成立は学習者の認知構造の変換を意味することから，認知主義的立場であると述べている。

雑化の程度）を見極めて，同化と調節によるさらなるプロセスを引き起こすために，認知的葛藤を引き起こすような学びの環境を与えることが重要となってくる（1章参照）。

(2) 社会的構成主義

　社会的構成主義には2つのアプローチがある。いずれのアプローチも共通していることは，知識は社会や他者とは無関係な個人的な営みとして構成されるのではないということである。

1）社会文化的アプローチ

　ヴィゴツキー（Vygotsky, L. S.）は発達の最近接領域という概念を提唱した（Vygotsky, 1956 柴田訳 2001）。ヴィゴツキーによると，子どもには一人で課題を解決することができる現時点での発達レベル（限界）があり，そのレベルのうえに他者からの援助や道具の使用によって解決できる発達レベル（これは潜在的に一人で到達可能な発達レベル）がある。この2つの発達レベルの間が発達の最近接領域（zone of proximal development: ZPD）と呼ばれる領域である。この ZPD に援助や道具（足場かけ：scaffolding）を使って働きかけることが社会文化的アプローチによる学習である。すなわち，他者からの援助や適切な道具の使用によって，やがてそれらがなくても能力として獲得され一人でできるようになり，そしてまた新たな潜在的到達可能な発達レベルが出現する。単純な例としては，子どもが自転車に乗れるようになるために補助輪（道具）の使用の働きかけがある。子どもは最初自転車に乗れないが，補助輪を利用すれば乗ることができる。補助輪つきの自転車に乗ることを繰り返すことで，補助輪が自転車についたままでもそれを利用せずに乗れるようになり，いずれ補助輪を外すことになる。

　自転車の例は単純であるが，社会文化的アプローチによる学習の成果は，子どもと援助者（大人，教師，先輩や仲間）の両者に共有される。援助者は子どもの現時点の発達レベルを把握し，子どもが一人で到達が可能な発達レベルを見極めて適切な足場を与える。このように援助者と子どもの相互作用によって生じる学習を協同学習と言う（8章，9章参照）。具体的な例としては，2000年ごろから初等，中等教育で始まった総合学習（今川，2012）や，医学部の学

生がグループで，患者の病気の診断をすることを通して，医者としての知識や
スキルを学習する方法などがある（Hmelo, 1998）。

2）社会集団的アプローチ[9]

　このアプローチは，学習を実践的な活動の場（実践共同体）におけるスキル
や知識の習得とみなしているが，学習が生じるプロセスは個人のなかではなく，
実践共同体のなかでの関わりやそのなかにあるさまざまなものとの相互作用で
あると考える。このことから，実践のスキルや知識はその実践共同体の状況そ
れ自体のなかに存在し，実践共同体のメンバーが技術や知識を習得することに
よってまた新しい状況が実践共同体において生じるので，学習と状況は分離で
きないことになる。このことを「学習が状況に埋め込まれている」という。

　例えば，大学3年生になったときある研究室に入って，4年生の研究を手伝
い，実験機器を触り，これまでとは違ったパソコンの使い方（文献検索やデー
タ分析）をし，専門書や論文を読むという経験をした後，4年生になって研究
室の中心的なテーマの重要な実験を行って新たなデータを共有する。この例で
は，研究室という実践共同体の一員になり，最初は先輩の研究を手伝っていた
だけであったが，次第に研究室で所有している価値観や専門機器の使い方など
を身につけ，研究室の中心メンバーとして新しい研究を行い，新たなデータを
共有することで，これまでとは違った研究室を作り出している。レイヴとウェ
ンガー（Lave & Wenger, 1991 佐伯訳 1993）は，この例のように，実践共同
体の一員になり，そこでの活動を通してさらにその共同体を生み出していくこ
とを学習とみなし，研究室の新人として先輩の研究の手伝いから始め，スキル
や知識を習得するにつれて研究室で重要な実験を行う中心的なメンバーへの変
化を正統的周辺参加と呼んでいる。

9　状況論的アプローチ，状況的学習論，状況的認知論などとも呼ばれる。

実験紹介　動物のこころを捉えた画期的な研究

Tolman (1948), Tolman & Honzik (1930), Suzuki et al. (1980)

　神経科学や，学習・記憶といった実験心理学では，実験動物を使った研究が多く行われており，それらの知見はヒトへの応用や理解，あるいは，ヒトでの研究への足がかりとなっている。例えば，ラットにおける恐怖の古典的条件づけに介在する脳内機構についての知見は，ヒトのPTSD（Post-Traumatic Stress Disorder：心的外傷後ストレス障害）に対する治療薬の開発といった臨床応用などに有用となりうる。本章では，教職課程を履修する学生が将来教師になったときに，子どもの学習活動を支える指導が行えるように，行動主義，認知主義，構成主義の立場に立つ指導の基礎となる原理や考え方を概説した。トールマンやケーラーが行った動物を使った実験から得られた知見は，一見すると子どもの教育とは結びつきそうもない印象を受けるが，認知主義的，構成主義的教育の考え方のもとになっていることは注目に値する。

　トールマン（Tolman, 1948）は，迷路課題においてラットが環境内の刺激から得

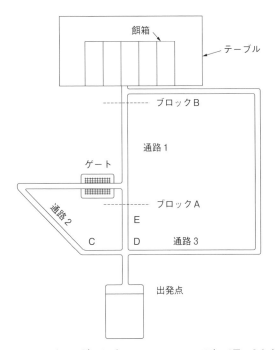

図1　トールマンとホンジック（Tolman & Honzik, 1930）で用いられた迷路

られる情報を能動的に収集して認知地図を形成し（知識の獲得），これを用いて迷路
課題を解決するという認知地図仮説を提唱した。トールマンが認知地図仮説を提唱
するきっかけとなった実験を以下に紹介するとともに，この仮説の妥当性を明らか
にした重要な研究も紹介する。

　　トールマンとホンジック（Tolman & Honzik, 1930）は図 1（前ページ）のような
迷路を用いてラットをテストした。通路 1 〜 3 は長さが異なることによって，ラッ
トの選好が異なっていた。長さの順で，通路 1 がもっとも好まれ，通路 3 がもっと
も好まれないことが事前に確認されていた。そして，通路 1 がブロック A で遮断さ
れると，ラットは通路 2 を走行した。そして，通路 1 がブロック B で遮断されたと
きに，通路 2 も遮断されることをラットが見通して，通路 3 を走行するかどうかが
テストされた。その結果，ほとんどのラットは通路 2 を走行せず，もっとも好まな
い通路 3 を走行した。これらの結果は，ラットは迷路の構造を能動的に収集してあ
る種の地図にしたがって状況を見通していることを示唆する。この実験は他の研究
者に追試され再現可能であったが，地図による状況の見通しにまったく影響すると
は考えられない通路の広さや通路の囲いの高さなどを操作することによって再現が
妨げられることが明らかとなった（Evans, 1936; Kuo, 1937）。

　　その後，トールマンと彼の弟子たちは認知地図の理論をあまり発展させなかった
が，1980 年以降に認知地図仮説を支持する重要な実験的証拠が示された。スズキら
（Suzuki et al., 1980）は，8 方向放射状迷路を用いて，7 本のアームの先端に異なる
刺激を取り付け，迷路全体をカーテンで囲んだ（図 2）。訓練試行では 8 本のアーム
の先端に置かれた報酬を探すように訓練された。

　　学習が成立した後，5 本のアームの入り口をブロックして入れないようにし，他
の 3 本のアームを強制選択させて報酬を獲得させた（真ん中の図）。テストでは，2
つの条件があった。ある条件では，強制選択時にブロックされて入れなかったアー

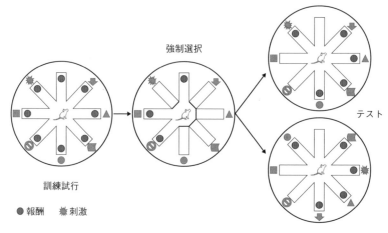

図 2　Suzuki et al.（1980）の実験の概略図（一部改変）

ムの先端の刺激の配列は変えずにそのままであった（テストの上の図）。もう一方の
条件では，ブロックされて入れなかったアームの先端の刺激の配列を変更した（テ
ストの下の図）。その結果，配列が変化しない条件では，ラットは容易に残り5本の
アームを選択することができたが，配列が変化する条件ではうまく選択することが
できなかった。この結果は，ラットがアームの先端にある刺激を手掛かりに利用し
て訓練試行での遂行を行っていたのではなく，7つのアームの先端にある刺激の空
間的関係性を利用して（配列を認知して），課題を解決していたことを示している。
他の実験も同様の結果が得られており（Barnes et al., 1980; Morris et al., 1986），ラッ
トが認知地図を形成し，それを用いて課題を解決していることが明らかとなった。
　トールマンの認知地図仮説は行動に軸足を置きつつも，心的過程に目をつぶるこ
となく，さらには能動的な知識獲得（構成）をも包含した仮説である。本章で述べ
た3つの主義に立つ教育は，スキナーのオペラント条件づけの原理に基づいた行動
主義の立場に立つ教育への批判から，認知主義・構成主義の立場に立つ教育が展開
したという認識が一般的である。ただ，新しく展開した教育方法にまったく不備は
なく，これまで以上に効果的であるというわけではないと思われる。大事なことは，
学習させる事柄・時間と空間・人的リソースの程度に応じて，どの教育方法を組み
合わせれば，最大限の教育効果を得るより良い教育になるのかの見極めである（向後，
2005）。ここで紹介したトールマンの実験は，批判の的となる行動主義と認知主義・
構成主義の間にある相容れないギャップを橋渡しし，3つの立場からなる教育を組
み合わせる必要性を実感させる画期的な研究であると思われる。

■引用文献

青山謙二郎（2006）．オペラント条件づけ　岡市廣成・鈴木直人（編）心理学概論（pp.
　89-99）ナカニシヤ出版

Atkinson, R. L., Atkinson, R. C., & Hilgard, E. R. (1983). *Introduction to psychology* (8th
　ed.). San Diego, CA: Harcourt Brace Jovanovich.

Ausubel, D. P. (1963). *The psychology of meaningful verbal learning*. Oxford: Grune &
　Stratton.

Barnes, C. A., Nadel, L., & Honig, W. K. (1980). Spatial memory deficit in senescent rats.
　Canadian Journal of Psychology, 34, 29-39.

土江伸誉（2003）．Pavlovの条件反射学説　中島定彦（編）　学習心理学における古典的
　条件づけの理論（pp. 1-12）培風館

Evans, S. (1936). Flexibility of established habits. *Journal of General Psychology, 14*,
　177-200.

Ferster, C. B., & Skinner, B. F. (1957). *Schedules of reinforcement*. New York: Appleton-
　Century-Crofts.

Hmelo, C. E. (1998). Problem-based learning: Effects on the early acquisition of cognitive skill in medicine. *Journal of the Learning Sciences, 7*, 173-208.

家野　等（2000）．科学教育における学習論の役割　物理教育，*48*，100-103.

今川弘子（2012）．構成主義の教育効果に関する一考察：高等学校「映像制作」授業の実践を通じて　同志社女子大学大学院文学研究科紀要，*12*，43-63.

稲垣佳世子・波多野誼余夫（1989）．人はいかに学ぶか―日常的認知の世界　中央公論社

実森正子・中島定彦（2000）．学習の心理―行動のメカニズムを探る―　サイエンス社

Köhler, W.(1925). *The mentality of apes* (E. Winter, Trans.). New York: Harcourt, Brace & World. (Original work published 1921)

向後千春（2005）．e ラーニングの土台：行動主義，認知主義，状況主義学習論とその統合　第3回 WebCT 研究会予稿集，1-4

久保田賢一（2003）．構成主義が投げかける新しい教育　コンピュータ＆エデュケーション，*15*，12-18.

Kuo, Z. Y. (1937). Forced movement or insight? *University of California Publications in Psychology, 6*, 169-188.

Lave, J., & Wenger, E. (1991). S*ituated learning: Legitimate peripheral participation.* Cambrige, NY: Cambridge University Press. （佐伯　胖（訳）（1993）．状況に埋め込まれた学習―正統的周辺参加　産業図書）

松沼光泰（2016）．学習内容の理解を促進する教授方法に関する研究：教授方法に関する理論的枠組みと学習者に対する調査に基づいて　静岡大学教育研究，*12*，51-58.

Mazur, J. E. (2002). *Learning and behavior* (5th ed.). Upper Saddle River, NJ: Prentice Hall/Pearson Education.

Morris, R. G., Hagan, J. J., & Rawlins, J. N. (1986). Allocentric spatial learning by hippocampectomised rats: A further test of the "spatial mapping" and "working memory" theories of hippocampal function. *The Quarterly Journal of Experimental Psychology B: Comparative and Physiological Psychology, 38*, 365-395.

中村恵子（2007）．構成主義における学びの理論―心理学的構成主義と社会的構成主義を比較して　新潟青陵大学紀要，*7*，167-176.

日本行動分析学会（2015）．「体罰」に反対する声明　行動分析学研究，*29*，96-107.

Nevin, J. A. (1999). Analyzing Thorndike's law of effect: The question of stimulus-response bonds. *Journal of the Experimental Analysis of Behavior, 72*, 447-450.

Phillips, E. L. (1968). Achievement place: Token reinforcement procedures in a home-style rehabilitation setting for "pre-delinquent" boys. *Journal of Applied Behavior Analysis, 1*, 213-223.

Piaget, J. (1952). *La psychologie de l'intelligence.* Paris: Librairie Armand Colin. （波多野完治・滝沢武久（訳）（1967）．知能の心理学　みすず書房）

西城卓也（2012）．行動主義から構成主義　医学教育，*43*，290-291.

佐藤　学（1996）．現代学習論批判―構成主義とその後　堀尾輝久・須藤敏昭 他（編著）学校の学び・人間の学び 第5巻（pp. 153-187）　柏書房

Skinner, B. F.（1953）．*Science and human behavior.* New York: The Macmillan Company.

Skinner, B. F.（1968）. *The technology of teaching*. Englewood Cliffs, NJ: Prentice-Hall.
（村井　実・沼野一男（監訳）（1969）. 教授工学　東洋館出版社）

杉原一昭（2004）. 発見学習か受容学習か　学校教育研究所年報, *48*, 26-34.

Suzuki, S., Augerinos, G., & Black, A. H.（1980）. Stimulus control of spatial behavior on the eight-arm maze in rats. *Learning and Motivation, 11*, 1-18.

Tolman, E. C.（1933）. Sign-gestalt or conditioned reflex. *Psychological Review, 40*, 246-255.

Tolman E. C.（1948）. Cognitive maps in rats and men. *Psychological Review, 55*, 189-208.

Tolman, E. C., & Honzik, C. H.（1930）. "Insight" in rats. *University of California Publications in Psychology, 4*, 215-232.

Выготский, Л. С.（Vygotsky, L. S.）（1956）. *Мышление и речь*. Избранныепсихо логическиеисследования.（柴田義松（訳）（2001）. 思考と言語　新訳版　新読書社）

渡邊芳之（2009）. 行動主義の何が問題なのか　てんむすフォーラム, 4.

Watson, J. B.（1913）. Psychology as the behaviorist views it. *Psychological Review, 20*, 158-177.

Watson, J. B.（1930）. *Behaviorism*（Revised edition）. New York: Norton.（安田一郎（訳）（1980）. 行動主義の心理学　河出書房新社）

Yerkes, R. M., & Morgulis, S.（1909）. The method of Pavlov in animal psychology. *Psychological Bulletin, 6*, 257-273.

吉野俊彦（2015）. 反応抑制手続きとしての弱化―自己矛盾の行動随伴性―　行動分析学研究, *29*, 108-118.

第7章　動機づけ：やる気

「動機づけ」とは，ある行動を引き起こし，その行動を維持させ，結果として一定の方向に導く心理的過程のことである。例えば，レポートを書くという行為であれば，準備も含めて取り組み始め（生起），調べたり，考えたりしながら書き続ける（維持）過程の全体を指す。過程のなかには，図や表を加えたり，文章表現を吟味したりといった行為の調整（方向づけ）が含まれている。日常的には，やる気があるからやる，やる気がないからやらないと表現されることも多い。日常語で言う「やる気」や「意欲」と重なるのが動機づけであり，「なぜある行動をしているのか」を説明する概念と言える。

1.　内発的動機づけ・外発的動機づけ

動機づけは，「内発的動機づけ」と「外発的動機づけ」に分けて語られることが多い。研究者によって定義が異なる面はあるが，一般に，手段なのか目的なのかという視点で分類される。ある行動をすること自体が目的である場合が内発的動機づけ，ある行動をすることは別の目的のための手段である場合が外発的動機づけである。内発的動機づけは，活動に対する好奇心や興味・関心によってもたらされる。一方，外発的動機づけは，賞罰，強制，義務といった外部からの働きかけによってもたらされる。○○をやりたいからやっているのが内発的動機づけによる行動で，××を手に入れたいから，××をされたくないからやっているのは外発的動機づけによる行動である。

行動主義（6章参照）の考え方によれば，報酬を与えることによって，特定の行動が起こる回数を増やすことができる。例えば，餌を与えることによって，ネズミのレバー押しの回数は増える。一般的にも，例えば「良い成績を取った

らゲームを買ってあげる」などと約束して，子どものやる気を引き出し，勉強
という行動を増やそうとする親の働きかけが見られる。しかしながら，報酬を
与えることにより，むしろ，報酬を与えられた特定の行動が起こらなくなるこ
ともある。

2. 自己決定理論

　行動主義の考え方が主流を占めていた 1971 年に，デシ（Deci, E. L.）が行動
主義の考え方では説明がつかない現象として「アンダーマイニング効果」と呼
ばれる現象を報告した（Deci, 1971；実験紹介 A 参照）。内発的動機づけによっ
て行われていたある特定の行動に対して報酬がともなった場合には，ともなわ
なかった場合に比べると，その後にその特定の行動が起こらなくなるという現
象である。行動主義の考え方によれば，報酬がともなった行動は，ともなわな
かった行動よりも増えるはずである。一般的にも，ご褒美をあたえることで，
やる気を引き起こすという方法がとられることも多いだろう。しかし，それは
むしろ逆効果かもしれないということである。

　レッパーら（Lepper et al., 1973）の実験（実験紹介 B 参照）でも，内発的
動機づけによって取り組んでいた活動に，一旦報酬がともなうと，報酬が与え
られなくなった後の活動量が低下するアンダーマイニング効果が見られた。ま
た，この効果は，金銭的な報酬のみではなく，カードのような象徴的な報酬に
よっても生じることが示された。しかし，予期しなかった報酬が与えられた場
合には，アンダーマイニング効果が生じない可能性も示された。

　その後の研究の積み重ねから，どのような報酬が与えられるのか，どのよう
なタイミングで与えられるのかによって，報酬の動機づけへの影響は異なるこ
とが報告されている。デシら（Deci et al., 1999）は，報酬を他者によるコント
ロールだと認知すると，本人の自律性（自己決定）が低下するため内発的動機
づけが低下するが，自分の有能さを示す情報だと認知すると，内発的動機づけ
を高めると解釈している。パズルやお絵かきに取り組む背景には，自分が有能
であることを確かめたい欲求があると想定できる。課題に挑戦することに楽し
さを感じる傾向が人にはあるだろう。この楽しさは，報酬のために課題をやら

されていると捉えられることで低下する。報酬が与えられなければやらなくなるということもあるだろう。

　しかしながら，私たちは，すべての行動を楽しいからやっているわけではない。だからといって，それらのすべての行動に，やらされているという感じをもつこともない。行動そのもの自体が目的ではないという意味では同じ外発的動機づけによる行動であっても，行動間で「やらされている」という感覚に違いがあることがある。

実験紹介 A　内発的動機づけに対する外的報酬の効果の実験
Deci（1971）

　デシ（Deci, 1971）が行った3つの実験のうち，2つの実験を紹介する。
仮説
　（1）内発的動機づけによって行っている活動に対する外的な報酬としてお金を受け取るようになると，その活動を内発的に動機づけられて行うことは減る。
　（2）内発的動機づけによって行っている活動に対する外的な報酬として言語的強化や肯定的なフィードバックを受け取るようになると，その活動を内発的に動機づけられて行うことが増す。
実験1
　方法　大学生24名の参加者は，12名ずつの2つのグループに分けられ，各1時間以内の3日間行われる3つのセッションに参加し，各セッション中4回，13分間以内にソーマキューブで指定の形を作る課題に取り組んだ。1日目，参加者は実験室に入った後，目の前にはパズルのピース，右にはソーマキューブで作られた3つの形の絵，左には雑誌の最新号が置かれたテーブルについた。そして，実験者がテーブルの反対側に座った。参加者には，そこに置かれているサンプルのようなさまざまな形をソーマキューブで作るためにセッションが行われた。2日目，一方のグループ（以下，実験群）には，初日とセッションの形式は同じだが，制限時間内にパズルを解決するたびに$1を支払うと伝え，制限時間内に完成させるたびに$1を支払った。もう一方のグループ（以下，統制群）には，課題のみが与えられた。3日目，両群とも課題のみが与えられた。実験群には3日目の支払いはないと伝えた。
　各セッション中2つの課題を終えた時点で，実験者は，残る2つの課題を選択するためにはデータ入力が必要だという嘘の理由を参加者に伝え，「私がいない間，したいようにしていてよい」と言って，8分間実験室を離れた。参加者は，雑誌を読むことも，パズルを続けることも，何でもできた。この8分間の自由選択場面中に，パズルを続けるのに費やした時間を内発的動機づけの指標とした。実験開始時から机の上に置かれていた形は，完成させることができないものであった。

結果と考察　2日目に実験群に外的な報酬を導入すると，実験群の平均時間は，1日目よりも2日目の方がパズルに費やす時間が65.7秒長かった（図1）。やはり，報酬によってやる気は高まることが示された。しかし，注目すべきはその後の変化である。3日目に報酬が取り除かれると，実験群の動機づけは明らかに低下し，1日目を下回った。一方で，統制群では1日目と2日目の平均時間はだいたい同じくらいで，3日目は1日目の平均時間を上回った。内発的動機づけによって行っていた行動に対して，一旦報酬がともなうと，その後の内発的動機づけは低下するのだと考えられる。これが，「アンダーマイニング効果」である。

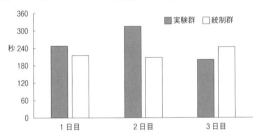

図1　**自由選択場面でパズルに費やした平均秒数**（Deci, 1971 より作成）

実験2

　方法　デシはさらに，金銭的な報酬ではなく，言語的な報酬（言語的な強化と肯定的なフィードバック）を用いた実験も行った。実験は，12名ずつ実験群と統制群に大学生を分け，実験群は2日目の最初に，1日目の課題は非常によくできたと伝えられ，そして，正解した各課題の後に，「非常に良い」などの言語的な強化と，「この課題での平均よりもかなり早い」などの肯定的な（大抵は誤った）フィードバックを与えた。完成できなかった際は，もっとも難しい課題の1つでほとんどの人は解決することができないので悪くはないと伝えた。3日目，両群とも強化は与えられなかった。

　結果と考察　統制群の参加者たちの動機づけは順次低下していったが，実験群の参加者たちは3つのセッションを通じて，この課題についての動機づけの低下を示さなかった（図2）。しかし，無作為に2群に振り分けたにもかかわらず，1回目の自由選択場面でパズルに取り組む時間が，統制群に比べて実験群では短く，パズルに対するもともとの動機づけに両群で違いがあったと想定できる。

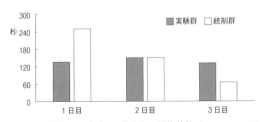

図2　**自由選択場面でパズルに費やした平均秒数**（Deci, 1971 より作成）

実験紹介 B　幼児を対象としたアンダーマイニング効果の実験
Lepper et al.（1973）

目的

　アンダーマイニング効果を検証するために，教育的な設定のなかにいる子どもたちと実験を行った。

方法

　参加者　大学内にある保育園の 3 歳 4 か月から 5 歳 4 か月の子どもで，主として白人の中流階級の出身者で，平均もしくはそれ以上の知能指数であった。

　観察上の設定　実験目的のため，保育園で行われているプログラムのなかに新しい活動として，通常は使用することができない多色フェルトペン（マジックマーカー）による自由なお絵かきを導入した。

　興味の測定　教室で行った事前の観察において，お絵かきに興味を示していた子どもたちを実験参加児として選び出した。そして，お絵かきへの興味の程度（マジックマーカーに手を触れていた時間）が同じ 3 つのグループに分けた。この手続きにより，参加候補児 24 人の男児と 45 人の女児が選ばれた。

　実験手続き　興味を測定した後，2 週間以内に実験は始まった。実験者は 2 人いた。実験者 1 は，教室で遊びやおしゃべりに夢中になっている参加候補児に近づき，"びっくり部屋（surprise room）" に一緒に行ってみたくないかと声をかけた。24 人の男児中 2 人，45 人の女児中 12 人には断られたため，予期した報酬条件に 19 人，予期しない報酬条件に 19 人，報酬なし条件に 17 人を振り分けた。

　実験者 1 によって個別に部屋に連れてこられた参加児は，用具がセットされたテーブルについた。そして，実験者 1 は「子どもたちはマジックマーカーを使ってどんな絵を描くのが好きなのか」を見に来た人のために，絵を描くよう参加児に頼んだ。さらに予期した報酬条件の参加児だけには，付け加えて，"グッドプレイヤー賞（Good Player Award：グッドプレイヤー賞という文字が書かれ，金色の星と赤いリボンの隣にその子の名前と園の名前を書くスペースがあるカード（7.62 × 12.70 センチ）"を見せ，絵を描いて助けてくれるなら，グッドプレイヤー賞を与えることを伝えた。実験者 1 は「彼は部屋の外にいるので，彼を連れてくる」と言って説明を終えた。

　実験者 1 は実験者 2 を参加児に紹介し，参加児と実験者 2 を残して部屋を出た。実験者 2 は，参加児の反対側に座った。6 分間経過後，実験者 2 は時間終了を告げるとともに，お礼を述べた。さらに，予期した，予期しない報酬条件では，グッドプレイヤー賞を与え，成績優秀者名簿掲示板に貼るよう促した。最後に，実験者 1 が入室し，参加児を教室に連れて帰った。

　実験後の観察　実験セッションの 1，2 週後に，観察の対象としたお絵かき活動を，参加児の教室に再導入した。最終的に観察対象となったのは，予期した報酬と予期しない報酬条件が 18 人ずつで，報酬なし条件が 15 人の 51 人（男児 19 人，女児 32 人）であった。観察上の設定とデータ収集手続きは，参加児の条件を知らない者が行った。

　結果と考察　予期した報酬条件の参加児たちは，予期しない報酬条件と報酬なし

条件の参加児たちよりも，実験後の観察においてお絵かき活動に対する興味を見せなかった。つまり，予期した報酬条件の子どもたちは，他の2つの条件の子どもたちと比べて，お絵かきをして過ごすことが少なかった。また報酬の操作は子どもの実験セッション中のパフォーマンスに対する直接の効果もあった。参加児によって描かれた作品は，どの条件の参加児なのかを知らない3人の判定員によって，全体の質を1（大変に悪い）から5（大変に良い）で評価された。その結果，3つの条件でセッション中の作品数に違いはなかったが，予期した報酬条件での作品の質は，他の2つの条件よりも低かった。つまり，後の教室状況における興味の低下という点だけでなく，実験セッション中の作品の質の低下という点でも，予期した報酬の操作の有害な効果が示されたと考えられる。

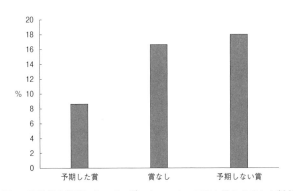

図1　実験後の観察においてマジックマーカーでのお絵かきをした割合

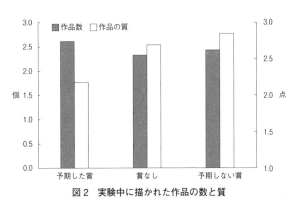

図2　実験中に描かれた作品の数と質

表7-1　勉強する理由（外山，2011）

①おもしろくて楽しいから
②新しいことを知りたいから
③先生や親に叱られるから
④先生や親にほめられるから
⑤勉強ができないと恥ずかしいから
⑥良い成績を取りたいから
⑦自分の夢や目標のために必要だから
⑧良い高校や大学に入りたいから
⑨自分の能力を高めたいから
⑩知識を得ることで幸せになれるから

　「なぜ，勉強をするのか？」と問われたとき，あなたはどう答えるだろうか。表7-1には10個の想定される理由が挙げられている。この10個の理由を内発的動機づけに基づくものと，外発的動機づけに基づくものに分類してみよう。勉強をすることが目的である場合が内発的動機づけであり，勉強することが手段である場合が外発的動機づけである。そうすると，①の「おもしろくて楽しいから」と②の「新しいことを知りたいから」の2つは，内発的動機づけに基づく理由だと考えられる。そして残る8個の理由は，外発的動機づけに基づく理由であると考えられる。しかし，③の「先生や親に叱られるから」勉強しているのと，⑦の「自分の夢や目標のために必要だから」勉強している，さらには，⑩「知識を得ることで幸せになれるから」勉強しているというのでは，どれもが別の目的の手段として勉強しているために，外発的動機づけに基づいてはいるが，自分が積極的に勉強しているかどうかに違いがあると考えられる。つまり，同じ外発的な動機づけに基づく行動であっても，それを自分で決めて行っているという感覚に違いがあると想定できる。内発的動機づけに基づく行動を自律的に行っているのはもちろんであるが，外発的動機づけに基づく行動であっても自律的に行っている場合もあるだろう。

　内発的動機づけと外発的動機づけは相反するものとして捉えられる場合も多い。しかしながら，必ずしも対立的なものではない。外的な報酬が内発的動機づけを低下させるという結果から，さらに理論を発展させたライアンとデシ（Ryan & Deci, 2000）は，内発的動機づけだけでなく，外発的動機づけまで含めて，自律性（自己決定）の違いによる連続体上において動機づけを整理して

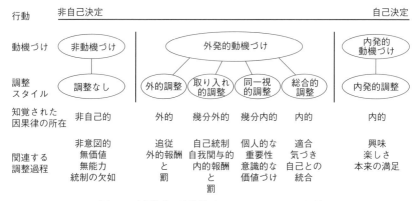

図 7-1　自己決定の連続体（Ryan & Deci, 2000 より作成）

いる（図 7-1）。この連続体上に位置する調整スタイルの違いは，活動の価値をどれだけ自分のものとしているのかという内在化の違いとも表現される。同じ外発的動機づけでも，活動の価値が外的にある場合から，自己のなかに統合された場合までが想定されている。勉強する理由の③④は外的，⑤⑥は取り入れ的，⑦⑧は同一視的，⑨⑩は統合的調整と考えることができる。

　ライアンとデシ（2000）によって提唱された自己決定理論では，基本的な欲求として，有能さへの欲求，自律性（自己決定）への欲求に加えて，関係性への欲求が想定されている。最初はできないから嫌いだった数学も，信頼する先生が教えてくれるので頑張るようになり，そのうち，数学の大切さを感じ積極的に取り組むようになり，やがて，数学自体が楽しくなったということもあるかもしれない。本人が周囲の働きかけをどう捉えるのかの違いによって，後の動機づけが異なるのである。本人の捉え方の違いによる動機づけへの影響の違いは，他にも見られる。

3. 原因帰属

　うまくいったものは続けてやろうとするだろうし，うまくいかないものはあきらめてやめてしまうかもしれない。成功や失敗という結果は，結果そのものが後の行動の動機づけに影響するが，加えて，結果の原因をどのように捉える

のかによって異なる影響を与える可能性がある。なぜ成功や失敗という結果になったのか，本人が捉える原因のことを原因帰属という。ワイナーら（Weiner et al., 1971）は「人は達成に関連した事象の結果を解釈し予測するために帰属の 4 要素を用いる」として，能力（ability），努力（effort），課題の困難度（task difficulty），運（luck）を挙げた。4 つの原因は，統制の位置と安定性という 2 つの原因次元で整理される（表 7-2）。原因が個人の中にあるか，外にあるかという統制の位置次元が失敗や成功に対する感情を左右し，一方，安定性の次元がその後の行動の期待を左右すると考えられる。例えば，成功したのは自分の努力のおかげだと考えた場合，運が良かったからと考えるよりも，誇らしさを感じるだろう。また，失敗したのは課題が難しかったからと考えるよりも，自分の能力がないからだと考える方が，恥ずかしさを感じるだろう。また，成功したのは自分の能力のおかげであると考えた場合，次も成功するだろうとの期待をもつだろうし，反対に，失敗したのは自分の能力のせいだと考えるならば，次も失敗するだろうと考え，期待をもつことは難しい。しかし，努力が足りなかったせいで失敗したのだと考えるならば，次は努力しようと考えるため，期待は低下しない。原因帰属の結果として生じる異なる感情や期待が，後の行動の動機づけに影響を与えるのである。

　実際に活動する領域の違いによっては，成功，失敗に関してこの 4 つ以外の原因があることも考えられる。また，課題の困難度を不安定なものと捉えている人もいるだろうし，運を安定的に捉えている人もいるだろう。さらに，能力は安定的なものではなく，努力によって伸ばすことができる不安定なものとして捉えている人もいるに違いない。ワイナーの初期理論には，その後，修正が加えられていくことになるが，動機づけの維持という点からは，努力に帰属することの有効性が多くの場合に指摘されている。では，努力は万能なのであろうか。どんなに努力をしても，どんなことをしても，結果がともなわない場合

表 7-2　達成行動において認知される原因の分類（Weiner et al., 1971）

統制の位置	安定性	
	安定	不安定
内的	能力	努力
外的	課題の困難度	運

には，何が起こるのか。

4. 学習性無力感

　セリグマンとマイヤー（Seligman & Maier, 1967）は，24匹の犬を，8匹ず
つの3つのグループ（逃避群，くびきでつながれた（Yoked：ヨークト）群，
統制群）に分けた。逃避群とヨークト群の犬たちは，ハンモックにつるされた。
そして，足につながれた電線から電流が流された。犬たちの頭部の両側にはパ
ネルが設置されていて，頭部でパネルを押すことができた。逃避群の犬たちに
は，平均90秒（60秒から120秒）間隔で64回の電気ショックが与えられた。
犬たちが左右どちらかのパネルを押すと，電流は止まった。ショックの間にパ
ネルを押し損ねた場合には，電流は30秒後に自動的に止まった。一方，ヨー
クト群の犬たちは，逃避グループと同じ64回の電気ショックを受けたが，パ
ネルを押してもショックは止まらなかった。64回それぞれのショックの持続

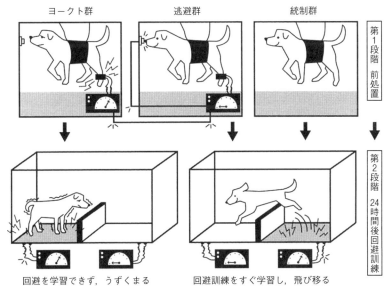

図7-2　セリグマンとマイヤーの実験（Seligman & Maier, 1967：櫻井，2009を参考に作成）
注）実験装置をわかりやすくイメージ化した図。実際の実験装置とは多少異なる。

時間は，逃避グループの犬たちがそれぞれの試行回で与えられた電気ショックの平均持続時間と同じに設定された。したがって，それぞれのヨークト群の犬たちは，逃避群と同じだけの電気ショックを受けた（図 7-2）。

　24 時間後，逃避群とヨークト群は 10 回の回避訓練をシャトルボックス内で受けた。シャトルボックスには，高さを調整することが可能な障害壁によって分けられた 2 つの部屋があった。回避訓練での障害壁の高さは，それぞれの犬の肩の高さに調整された。シャトルボックスを照らしていた電球の内，50wの電球 4 つが消えて 10 秒経つと，電気ショックが床に流れた。電球が消えてから障害壁をジャンプして越えるまでの反応時間は，毎回自動で記録された。4 つの電球が消えてから 10 秒以内に障害壁をジャンプして，隣の部屋に移れば，犬たちは電気ショックを受けなかった。10 秒以内に隣の部屋に移ることができなければ，ショックが続いた。60 秒間何も反応がない場合には，試行は終了され，反応時間は 60 秒として記録された。訓練の間隔は平均 90 秒間（60秒から 120 秒）だった。統制群は回避訓練（10 回）のみを受けた。

　ハンモックでの経験によって，逃避群の犬たちは電気ショックを止めるためにパネルを押すことを学習し，それぞれの犬は試行を通してパネル押しの反応時間を減少させていった。一方で，ヨークト群の犬たちは，だいたい 30 回目以降はパネル押しを完全にやめてしまった。

　シャトルボックス内での回避訓練における反応時間と失敗回数について，逃避群と統制群の間に違いは見られない。しかし，ヨークト群は，反応時間がかかり，失敗回数も多い（図 7-3）。それぞれ 8 匹ずつの犬の内，10 回の訓練中9 回以上失敗した犬は，逃避群ではおらず，統制群では 1 匹であった。他方，ヨークト群では，6 匹の犬が失敗した。この 6 匹に対して，7 日後，さらに 10 回の訓練をシャトルボックスで行ったが，5 匹はすべての訓練でショックを回避することに失敗し続けた。

　逃避群とヨークト群がハンモックにつるされながら受けた電気ショックの時間，つまり嫌な経験をした量は同じであったにもかかわらず，その後に移されたシャトルボックスでの回避学習には違いが見られた。統制群の結果から，シャトルボックスでの回避学習は多くの犬にとっては，困難な課題ではないことがわかる。では，なぜ，ヨークト群の犬たちの多く（8 匹中 6 匹）が，回避学習

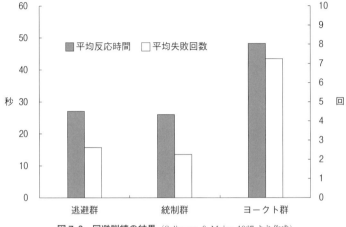

図 7-3　回避訓練の結果（Seligman & Maier, 1967 より作成）

に失敗をしたのだろうか。逃避群は，パネルを押すことにより，電気ショックをコントロールすることができたが，一方のヨークト群はコントロールすることができなかった。セリグマンらは，ヨークト群の犬たちは，自分の行動に結果がともなわないことを学習したのだと考えた。この現象は，「学習性無力感」と呼ばれる。

　どんなに努力をしても，何をしても，結果がともなわない場合，無力感に陥る。では，どんな行動を行えば結果がともなうのかがわかっていれば，人はやる気になるのだろうか。

5. 自己効力

　「僕は，勉強ができない」というとき，「できない」というのは，良い成績がとれないということなのか，そもそも，勉強という行為を行うことができないということなのかには違いがある。「やれば，できる！」と思えないのか，「やれば，できる！」ことは知っているが，自分にはできないと考えているのか。これらの違いに関わるのが，自己効力（self-efficacy）である。

　バンデューラ（Bandura, 1977, 1986）によれば，自己効力とは，「自分が行

為の主体であると確信し，外的事象に対して自分が何らかの働きかけをすることが可能であり，そうした自分の行為について自分がきちんとコントロールしているという信念をもち，また自分が環境からの要請にもきちんと対応しているという確信の程度」である。

　自己効力が高いと，人は困難な状況や難問を，乗り越えるべき試練，挑戦すべきものとして捉える。また，自己効力は，課題遂行のために努力や時間をどの程度かけるのかにも影響を与える。自己効力が高い人は，自分の取り組んでいる活動に深く興味や関心をもち，興味をもったことに全力をかけ，長い期間であっても努力を続ける。たとえ遅れを取ったり，失敗したりしたとしても，素早く立ち直ることができる。また，目標達成のために他者からの助けが必要な際には，援助を受けることもできるだろう。反対に自己効力が低いと，困難な課題は避けようとし，自分には難しいことは無理なのだと信じ込む。また，自分の欠点や失敗したことばかりに注意を向け，自分の能力や素質に対する自信をすぐに失って傷つくといったことが多いとされる（Bandura, 1995 本明・野口監訳 1997）。

　人はたとえ能力や課題の困難度が同じであっても，自信をもっているかどうかで，ときにはその能力をほとんど活かせないこともあれば，反対に，驚くほどの力を発揮することもある。「自分にはここまでできる」という信念である自己効力が実際の行動を引き起こすのである。

　では，「がんばって勉強をすれば成績が上がるのはわかっているけれど，なかなかやる気が起きない」といった事象が起こるのはなぜだろう。行動には，結果がともなうことはわかっているが，行動は生起しない。こうした場合，何をすべきなのかはよくわかっているが，自分にはそれがうまくできそうにないために手が出ないのだと考えられる。

　バンデューラは，行動変容の起こりやすさは，予期や期待の働きによるものであるが，この予期機能には2つのタイプがあるとして，結果期待と効力期待とに区別した。結果期待（outcome expectancy）とは，ある行動がある結果に至るであろうという，その人の査定であり，予期のことを言う。効力期待（efficacy expectancy）とは，その結果に必要な行動を，自らが成功裏に実行できるという確信である。自分がどの程度の効力期待をもっているかという「遂

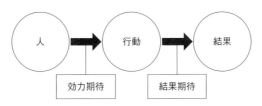

図 7-4　効力期待と結果期待（Bandura, 1977 より作成）

行可能感」が，自己効力と言える。人が，一連の行動がある結果を生むとわかっていたとしても（勉強が良い成績をもたらす），自らが必要とされる行動を遂行できるかどうかを疑っているとき，そのような認識（結果期待）は行動（勉強）に影響しないのである（図 7-4）。

　自己効力には，水準，強度と一般性の次元がある。水準とは，どのくらい困難なレベルまで遂行することができると思っているのか，対処可能性の水準である。例えば，英語の論文を 1 日に 1 本読むことができると考えるのか，1 日に 3 本読むことができると思うのかでは違いがある。強度とは，どのくらい確実に遂行できるかという確信の強さである。例えば，英語の論文を 1 日 1 本確実に読むことができると思うのか，おそらく読めるだろうと思うのかの違いである。そして，一般性とは，ある状況における特定の行動に対して形成された自己効力が，どの程度まで場面や状況を超えるのかである。例えば，英語はできるという考えが，数学もできるという思いに影響を与えることがある。

　自己効力は，さまざまな情報に基づいて獲得され，高められていくと考えられている。バンデューラ（Bandura, 1997）によれば，もっとも重要で強力な情報源は達成体験だと考えられる。困難に打ち勝って成功した経験こそが，自己効力を育てる。また，自分以外の他者が何かを達成したり，成功したりする様子を観察することにより，「これなら自分にもできる」という信念が芽生えることもある（代理体験）。特に，モデルとなる他者との類似性が高い場合に，効果は大きい。勉強ができるようになった身近な先輩の様子を見て，自分も同じようにやり始めることもあるだろう。さらに，他者から，自分に能力があることや，達成の可能性があると言葉で繰り返し説得されることもある（言語的説得）。日常的にも「やれば，できる」といった励ましが頻繁に用いられてい

るが，言語的説得のみの効果は消失しやすいと言われる。

　自分で決めた行動を達成し，成功した経験が，自己効力を強化する。ただし，常に，結果が出るとは限らない。それでも，結果はともあれ行動はできるという信念が，行動を維持する力になるのだと考えられる。

　　　　——自分を信じることが必ず成功を約束するわけではないが，自分を信じ
　　　　ないということが失敗を生むのは確かだ（Bandura, 1986）。

■引用文献

Bandura, A. (1977). Self-efficacy: Toward a unifying theory of behavioral change. *Psychological Review, 84*, 191-215.

Bandura, A. (1986). *Social foundations of thought and action*. Englewood Cliffs, NJ: Prentice-Hall.

Bandura, A. (Ed.) (1995). *Self-efficacy in changing societies*. New York: Cambridge University Press.（本明　寛・野口京子（監訳）（1997）．激動社会の中の自己効力　金子書房）

Bandura, A. (1997). *Self-efficacy: The exercise of control*. New York: W. H. Freeman.

Deci, E. L. (1971). Effects of externally mediated rewards on intrinsic motivation. *Journal of Personality and Social Psychology, 18*, 105-115.

Deci, E. L., Koestner, R., & Ryan, R. M. (1999). A meta-analytic review of experiments examining the effect of extrinsic rewards on intrinsic motivation. *Psychological Bulletin, 125*, 627-668.

Lepper, M., Greene, D., & Nisbett, R. (1973). Undermining children's intrinsic interest with extrinsic rewards: A test of the "overjustification" hypothesis. *Journal of Personality and Social Psychology, 28*, 129-137.

Ryan, R. M., & Deci, E. L. (2000). Self-determination theory and facilitation of intrinsic motivation, social development, and well-being. *American Psychologist, 55*, 68-78.

櫻井茂男（2009）．自ら学ぶ意欲の心理学—キャリア発達の視点を加えて　有斐閣

Seligman, M. E. P., & Maier, S. F. (1967). Failure to escape traumatic shock. *Journal of Experimental Psychology, 74*, 1-9.

外山美樹（2011）．行動を起こし，持続する力　モチベーションの心理学　新曜社

Weiner, B., Frieze, I. H., Kukla, A., Reed, L., Rest, S., & Rosenbaum, R. M. (1971). Perceiving the causes of success and failure. In E. E. Jones, D. Kanouse, H. H. Kelley, R. E. Nisbett, S. Valins, & B. Weiner (Eds.), *Attribution: Perceiving the causes of behavior*. Morristown, NJ: General Learning Press.

第8章　知識の獲得

　知識の獲得と聞いて，何を思い浮かべるだろうか。漠然と，新しい学習内容を「自分のモノとした」ときに，知識を獲得したと思うかもしれない。本章では教育心理学や認知心理学の記憶，メタ認知，学習方略（および自己調整学習）に注目して，ヒトの知識獲得の過程について学習していく。ヒトの知識獲得過程を知ることで，その過程に基づいた効果的・効率的な教授方法を考案することが期待できる。教授方法そのものも研究が進み，アクティブ・ラーニングの考え方（9章参照）をもとにしてさまざまな方法が考案されている。これらの方法も，その教授方法の背景で，ヒトがどのように知識を獲得しているのか考慮することができれば，より良い授業展開も期待できるだろう。

　また，教育実践における問題を解決する糸口になるかもしれない。例えば，「女性は数学が苦手である」といったステレオタイプ（根拠のない思い込みのようなもの）が女性に対して精神的圧力となり，本当に数学の成績を下げてしまう現象が示されている（e.g., Beilock et al., 2007）。このままでは，「女性は数学ができなくても仕方がない」といった，とんでもない雰囲気が教育現場に漂ってしまう。一方で，数学の成績の高低に対して，低学年時には知能が高いほど成績も高くなるが，内容が複雑化・高度化する高学年時では内発的動機づけ（7章）が高い，あるいは学習内容を意味理解[1]しようとする学習者ほど，数学の学業成績がさらに高くなることも示されている（Murayama et al., 2013）。このことから，生まれもったものよりも，「教育を適切にすることの方が影響が大きい」ことがわかっていれば，教授者にとっても学習者にとっても，より良

1　「なぜそうなるのか」といった意味を理解すること。

い教育実践が望めるだろう[2]。本章では，上述の例の基礎となる「ヒトの知識
の獲得過程」を取りあげ，主に学習者自身の学習改善，および教授者の授業実
践に活かすことのできる知識を学ぶ。

1. 記憶の仕組みと活用

　記憶という言葉は，普段私たちが生活していくうえでよく耳にする。「うま
く覚えられない」や「いまいち思い出せない」など，記憶力が良い／悪いとい
う話題を共有したことがあるのではないだろうか。心理学では記憶の過程と種
類が細分化されている。

　この記憶の過程として，情報を覚える過程，覚えた情報を維持する過程，情
報を思い出す過程，の3つの過程が想定されている。これらは，それぞれ符号
化，貯蔵，検索という表現がなされている。これらの言葉を借りると，「覚え
られない」という悩みには符号化の工夫が役立ち，「思い出せない」という状
況には貯蔵の失敗や検索の仕方から助言が考えられる。

　また記憶の多重貯蔵モデルでは，感覚記憶，短期記憶，長期記憶が想定され
ている（図8-1A）。周囲の環境の情報を感覚器官によって受容し，ごく短い
間だけその情報をとどめる（感覚記憶）。その情報の中から注意を向けた情報
が短期記憶貯蔵庫に十数秒ほど保持される。短期記憶の情報はリハーサルを実
施している間は保持し続けることができる。また，リハーサルによってその情
報は長期記憶に転送（短期記憶から長期記憶への矢印）され，半永久的に保持
される。情報を外部に出す際には，情報が長期記憶から短期記憶へと検索（長
期記憶から短期記憶への矢印）され，反応として出力される。短期記憶は情報
を一次的に保持するシステムである。ここでは長くとも1分足らずでその情報
は消失してしまうが，その情報を繰り返すリハーサルによって維持される。リ
ハーサルされた一部の情報は半永久的に消えることのない長期記憶に転送され
る。しかし，上述のように，この分類は基本的なものであり，近年は特に短期
記憶を包含した作動記憶が注目されている。

2　ベイロックら（Beilock et al., 2007）においては，この解決策として，課題を練習することで
　ステレオタイプを与えられても成績が下がらないことが示されている。

(1) 作動記憶

　短期記憶が維持できる情報として，「Magical Number 7 ± 2（Miller, 1956）」が有名である。これは短期記憶に一度に保持できる情報の数（チャンク）を示しており，一次的に5から9の情報を保持できるとされる。例えば，無意味な数値配列でも（e.g., 3698717），リハーサルをしていれば維持できる。

　しかし，私たちが普段生活をするうえで，そのことだけを覚えればよい，という状況は少ない。例えば，学習者が今まさに短期記憶に関する文章を「読みながら覚えようと」している。このとき，覚えるだけではなく読むこともしなければならないため，「7 ± 2」よりも覚えられる情報は少なくなる。

　こういった現象を説明することができるのが作動記憶（working memory；作業記憶やワーキングメモリとも表記される）である。作動記憶は中央実行系と，中央実行系の働きによって活動が制御される，視空間情報を保持する視覚・

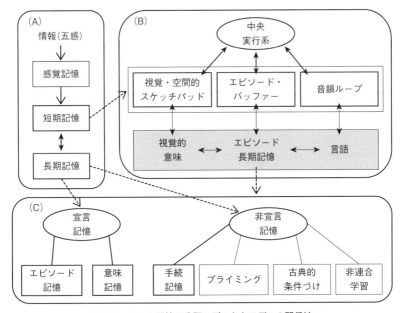

図8-1　ヒトの記憶の分類モデルと各モデルの関係性
（A）記憶の多重貯蔵モデルを簡略化したもの（Atkinson & Shiffrin, 1971 を参考に作成）。
（B）作動記憶の多重概念モデル（Baddeley, 2000 を参考に作成）。
（C）長期記憶の分類モデル（Squire & Zola, 1996 を参考に作成）。

空間的スケッチパッド，音や言語情報を保持する音韻ループ，中央実行系に集まった様々な情報や長期記憶の情報の意識的な保持を担うエピソードバッファの，3つのサブシステムからなる（図 8-1B）。3つのシステムは内容が変動することから流動システムとも呼ばれ，灰色部分は安定性の高い結晶システムと表現される。なお，結晶システムではエピソード長期記憶と表現されるが，明確にエピソード記憶を指しているのかは明らかではない。

　そして，中央実行系がサブシステムに処理資源を割り振ることで，サブシステムは稼働することができる。処理資源とは，作動記憶を機能させる際に必要となる容量であり，パソコンにおける RAM・メモリと考えることができる。この処理資源には個人差があるものの有限であり，求められる作業が複数（二重課題など）となると，どの作業もうまくできなくなる（実験紹介 A）。上述の「読みながら覚えようとする」例では，覚えることだけに処理資源が割り振れず，読むことにも処理資源が必要となったため，覚えられる情報が少なくなったと考えられる。

　このように，作動記憶にはヒトの能動的な認知活動・情報処理が仮定されている。そのため，作動記憶の仕組みを参考にすることで，「情報の獲得の失敗 ≒記憶の失敗」を避けるための工夫が可能となる。

実験紹介 A　作動記憶の処理資源と精神的圧力
Beilock et al. (2004)

　何か課題に取り組むときに，「良い成績を求める／求められる」ことはよくある。一般的には，こういった状況ではより良い成績に至ると考えられる一方で，このような意志や期待が精神的圧力となり，遂行成績が低下することがある。このような現象のメカニズムを明らかにするために，ベイロックら（Beilock et al., 2004）は作動記憶における処理資源に注目した。意図的に精神的圧力の程度を操作し（強めて），課題解決に使用できる処理資源を変化させた（少なくした）。そして，精神的圧力が作動記憶の処理資源を奪うのかを検討した。

　方法　参加者は「暗算で，引き算した後に割り算をして，その答えが割り切れるか否か」という問題を出題された。この問題は，引き算の答えを保持したうえでさらに割り算を行うという二重課題の性質があり，解答するには処理資源が求められる。このとき，「(7 − 3) / 2」のように 1 桁の引き算が要求される処理資源が少ない問題と，「(22 − 17) / 4」のように 2 桁の引き算かつ繰り下げが要求される処理資源

が多い問題があった。この課題にすべての参加者が 2 回ずつ取り組み，2 回の課題
のどちらにも処理資源の多い問題と少ない問題が出題された。

　参加者は 2 つのグループに割り振られた。どちらのグループも 1 回目（介入前）
と 2 回目（介入後）の課題の間に，2 回目の課題に向けた教示がされ，あるグルー
プは，2 回目の課題で 1 回目よりも得点が向上することが求められ，その理由とし
てさまざまな精神的圧力となるような情報が与えられた（高精神的圧力グループ）。
もう片方のグループはそのような圧力が少なかった（低精神的圧力グループ）。

　結果　結果を図に示す。まず，精神的圧力の低かったグループ（図中の実線）は，
問題が求める処理水準の量にかかわらず，練習効果が見られ，1 回目よりも 2 回目
の問題正答率の方が高まっている。同様に，精神的圧力の高かったグループ（図中
の破線）においても，処理水準の要求が少ない問題では正答率が高まっている。一
方で，処理水準の要求が多い問題では成績が低下している。

　考察　この結果により，精神的圧力による不安が，用いることのできる処理資源
を奪い，処理資源の必要な課題での成績を低下させたと考えられた。つまり，目に
は見えないが処理資源の存在が確認され，また，その処理資源がネガティブな感情
によって奪われてしまうことがわかる（なお，後の実験 2, 3 によって，この減少の
解消方法が示されている）。

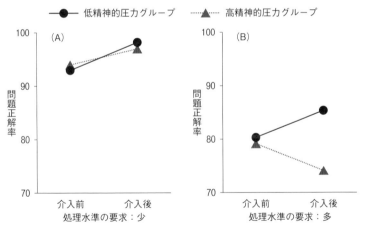

図　(A) 処理水準の要求が少ない問題と，(B) 処理資源の要求が多い問題における精神的
　　圧力の高群と低群ごとの，圧力操作の介入前と介入後の結果
　　　　　（Beilock et al., 2004 の実験 1 の結果（Figure 1）を参考に作成）

(2) 長期記憶の分類

　情報を知識として定着させるには，長期記憶として残す必要がある。長期記

憶は大きく宣言記憶と非宣言記憶に分けられ，さらに細分化される（図8-1C）。以下では，教育とより関係が深いと考えられる，宣言記憶としてエピソード記憶と意味記憶，非宣言記憶として手続記憶に言及する。

　宣言記憶は，その記憶された情報が言語化しやすく，まさに「知識」のイメージに合致する。特に意味記憶は，名前の通り，物事の意味や常識に関する記憶とされており，一般的に「知識」について言及されるときは，意味記憶を指していることが多い。例えば，「鳴くよウグイス」と聞くと，「平安京」と言葉が続くように，社会科で習った内容が思い出されるかもしれない。一方でエピソード記憶は，意味記憶とは異なり，時間・空間的な「いつ・どこで」や，他にも情動・感情など付随する情報がある。学習において意識したいのはエピソード記憶と意味記憶の関係性である。まず，学習した内容はさまざまな情報が付随するエピソード記憶として獲得される。そして，そのエピソード記憶として獲得された情報が，別のさまざまな文脈（場面や時間）で再度学習される／思い出されることで，付随するさまざまな文脈が消えていき，意味記憶となる。このことから，言語化可能な情報を学習しようとした場合，まずエピソード記憶の獲得を工夫することで，知識の獲得が効率的となることが推察される。

　非宣言記憶は，言語化は可能なものの容易ではなく，さらに言語化できたとしても言語を通した学習は難しい。非宣言記憶の一部の記憶，とりわけ手続記憶は一般的な「技能」のイメージに合致する。手続記憶は主に身体的な運動に関する記憶である。よく用いられる例としては，自転車の乗り方がある。おそらく自転車の操作の仕方を説明できなくとも，一度乗れるようになれば，それ以降ほとんどの場合乗ることは可能である。手続記憶をはじめ，非宣言記憶は意識せずとも，つまり自動的にその技能が実行可能であるのが特徴であり，一方で学習する場合には自動的に実行できるまで反復練習する必要が生じる。また，運動などの身体的な活動がともなう作業に限らず，認知的な作業のなかにも手続記憶となる行動がある。例えば，漢字の書き順，説明文や英文，複雑な文章の読み解き方，授業の段取りのような複雑な行動も手続記憶に含まれる。

(3) 記憶の知見を教育実践に活かすには

　上述の作動記憶および長期記憶の特徴を踏まえると，以下のような実践方法

が提案される。

1）作動記憶への配慮

　まず，作動記憶の特徴を考えると，複数の認知作業を同時に行うことは避けるべきである。例えば，教師が板書する場面においても作動記憶に配慮する必要がある。生徒は板書を自分のノートに写そうとする（認知作業）。このときに，教員が板書の内容を説明してしまうと，写す作業と聴く作業の二重課題となり，どちらも疎かになりかねない。このとき，作動記憶を知っていれば，二重課題による作業効率の低下の対策として「板書を写す時間」を設けることができる。また，「音楽を聴きながら勉強する」といった「ながら勉強」も，作動記憶の点から望ましくないということを，学習者に伝えることができる。

2）エピソード記憶と手続記憶の獲得および使い分け

　短期記憶や作動記憶では，一度に保持できる情報が限られているが，工夫をすることで1つの単位のなかに多くの情報を含めて符号化が可能となる。例えば，先の「3698717」も「寒くはないな」と語呂合わせで1つの情報（チャンク）となる。このように，無意味な数字配列でも学習者自身に身近な知識と結びつけることを精緻化と言い，エピソード記憶を効率的に獲得する方法の1つとして活用することができる。代表的な精緻化は，「百聞は一見にしかず」のように目で見られるものは（イメージでも）見た方が覚えやすくなる画像優位性効果や，イメージがないものでも字面や音だけの処理よりも意味的な処理をした方が覚えやすくなる処理水準効果などである。一方で，手続記憶はエピソード記憶とは特徴が異なる。運動（行動）でも認知でも手続に関することは，自分で体験することが必須となる。さらに，自転車に乗るまでもそうだが，体験の機会を反復し，さらに体験の間隔が集中しない方が望ましい。最終的に学習者が意識せず，自動的に行うことができる段階まで到達するためにも，教員などの指導者は手続記憶の特徴を意識して，授業設計（体験の時間を増やす）や授業外学習の課題の設定を心がけることが望ましい。

3）貯蔵と検索

　第1節ではまず情報を取り込む必要があるために，符号化の過程に注目した。しかし，符号化した情報が貯蔵され，適切に検索できなければ記憶としては失敗となる。まず思い出しやすくする工夫として，符号化した状況と検索する状

況をなるべく一致させることがある。この状況のことを文脈と言い，学習内容といった内容的な文脈もあれば，部屋の構造や室温などの物理的な環境や，緊張感などの心理的な状態も文脈になりうる。思い出そうとしたとき，この文脈が多いほど思い出しやすくなることが知られている（文脈効果）。また，最初に触れたように，記憶はある情報を覚える（符号化する）だけでなく，その情報を維持し（貯蔵），思い出す必要がある（検索）。貯蔵を確かにする，言い換えると忘却を抑制するのに，検索の練習が効果的であることが示されている。これをテスト効果と言い，何度も同じ方法で符号化する場合と比較して，同じ学習時間であっても，検索を繰り返す方が忘却率を抑えられる（Karpicke & Roediger, 2008）。

2. 学習に不可欠なメタ認知

　上述のように符号化をはじめ記憶の特徴を知り，工夫をすることは知識の獲得につながる。しかし，「覚えたつもり」の状況を避けることができず，結果として知識が獲得できない事態が起こる場合がある。このような「つもり」と深く関わるのがメタ認知である。

(1) メタ認知の活動
　メタ認知は，しばしば「自分を監視するもう一人の自分」と表現される。図8-2A にはメタ認知の一般的な仕組みが示されている。ここではメタ認知にあたるメタ水準の認知活動が，対象の水準に対してどのように働きかけるのかが示されている。
　「メタ」という言葉は「高次な」という意味があり，つまりメタ認知とは高次な認知となる。学習者がある課題に取り組んでいるとき，記憶や学習はもちろんのこと計算処理や推論など，さまざまな認知処理を行う。このような認知処理に対して，メタ認知はモニタリングで現状を把握し，コントロールで調整する機能をもつ。このような機能はメタ認知活動と呼ばれる。モニタリングは，対象水準となる認知活動を客観的に把握する活動である。具体的には，自身の活動を振り返る・評価する・「気づきを得る」こと，自分自身に「それで正し

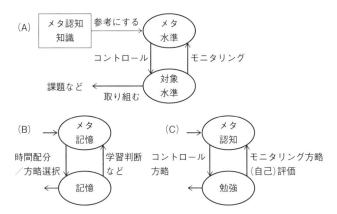

図 8-2　メタ認知活動およびメタ認知知識のモデル（Dunlosky & Metcalfe, 2008 を参考に作成）
　　　　（A）メタ認知の一般的なモデル。
　　　　（B）記憶の枠組みにおけるメタ認知のモデル。
　　　　（C）学習方略の枠組みにおけるメタ認知のモデル。

いのか」などと問いかけるといった活動のことである。

　第 1 節で紹介した記憶の工夫はあくまで「記憶すること」にのみ働き，その工夫がうまくできたかどうか，メタ水準で客観的に判断をして，取り組みを制御する必要がある（図 8-2B）。このような記憶の文脈において，メタ水準の認知はメタ記憶と呼ばれる。メタ記憶の枠組みでは符号化から検索に至るまで実にさまざまなメタ認知活動が検討されている。代表的なものを紹介すると，モニタリングでは，学習後に「あとで思い出せるか」といった学習判断（既学習判断とも表記される），コントロールでは，複数の学習要素（学習材料）に対して「どの材料により時間を割くか」といった学習時間配分などがある。このような学習判断とそれにともなう学習時間の配分は正確であることが示されていて（Dunlosky & Metcalfe, 2008），「思い出せる（学習した）と判断した材料・内容」は実際に思い出し，「思い出せないと判断した材料」は実際に思い出せないという実験結果を根拠としている。ただし，このようなメタ認知活動，特にモニタリングはしばしば失敗することがあり，その結果として学習がうまくいかないことがある（実験紹介 B）。

実験紹介 B　モニタリングの失敗例
Kornell et al.（2011）

　記憶のモニタリングは概ね正確なことが示されている（Dunlosky & Metcalfe, 2008）。しかし，覚えようとしている学習材料に少し手を加えると，失敗してしまうことがある。コーネルら（Kornell et al., 2011）は，メタ記憶モニタリングである学習判断に2つの操作を加えて，ヒトのモニタリングの失敗を示した。

　方法　参加者は画面に呈示される計36個の単語を1つずつ覚え（学習），同時にその単語に対してあとで思い出せるかの判断を0-100の割合で予測し（学習判断），すべての単語が呈示された後に実際に思い出すテストを受けた（再生テスト）。このとき，「学習」の段階において，呈示された単語のフォントサイズが操作され，単語の半分は，もう半分の単語よりも4倍大きく呈示された。さらに一通り呈示された後，小さい単語と大きな単語の半分は，2回呈示された（学習判断はすべての単語で1回目の呈示で実施され，2回呈示される単語は1回目の学習判断の際に予告された）。

　結果　結果を図に示す。まず，参加者が実際にどれくらい思い出せたかと言うと，（当然のことながら）呈示された文字の大きさにかかわらず1回呈示（約30%）よりも2回呈示（約50%）の方がよく思い出されている。一方で，参加者の予想は，1回呈示と2回呈示の差がほとんどなく，むしろ呈示された単語のフォントサイズが大きい方が後で思い出せると判断されていた。つまり，文字の大きさが記憶成績について「過大評価」され，あとでもう一度行われる学習の機会が「過小評価」された。

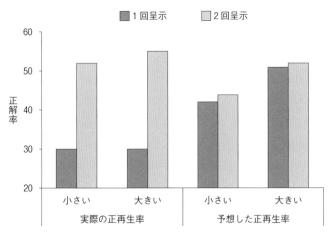

図　実際に正解した再生率（左）と予想した正再生率（右）における呈示された単語のサイズ（小さい or 大きい）と呈示回数（1回 or 2回）ごとの正解率
（Kornell et al., 2011 の実験1の結果（Figure 2）を参考に作成）

考察　この結果から，コーネルらはヒトの記憶に関する2つの特徴を見出した。1つ目は「安定性バイアス（stability bias）」である。これはまだ学習していない将来の学習の判断は，現在の状態に依存するといった偏りである。2つ目は「処理容易性のヒューリスティック（ease-of-processing heuristic）」である。ある単語そのものの記憶は，その文字が認識できさえすれば成立するが（図8-1Aを参照），学習者の主観的な判断は処理のしやすさ（この実験ではフォントサイズの大きさ）に依存する。この2つの特徴は，教育実践においても適切かつ効率的な学習を妨げる可能性がある。

(2) メタ認知の知識

　学習を失敗する理由として，適切なメタ認知活動を知らない場合がある（例えば，実験紹介B）。モニタリング活動がいかに活発であっても，そのモニタリングが適切でなければコントロールもうまくできずに，学習は失敗する。例えば，ある学習者Aが英単語を5秒ほど見ただけで覚えたつもりになって，次の単語を覚えようとしている場面を想像してみる。おそらく，第1節の内容から「短時間では単語情報を維持できない」や「字面を覚えるだけでは不十分なので意味理解すべきだ」という知識があるため，学習者Aが後で単語を思い出せないという結末が予想できる。学習者Aにはこのような記憶に関する適切な知識がなかったために，モニタリングはしたもののそのモニタリング内容が不適切で（少し見ただけなのに覚えたつもり），それを受けて不適切なコントロールをして（次の単語へ），符号化に失敗したと考えることができる。

　このような，（ある対象の認知活動に対する）メタ認知活動に関する知識をメタ認知知識という（Schraw & Moshman, 1995）。このメタ認知知識が適切であることで，効果的なメタ認知活動を実施することができる。学習者がある認知活動の熟達者（例：科目担当の先生）の経験を知ることは当然メタ認知知識になりうるが，あくまで熟達者個人の経験であって学習者や学習材料に対して適切かどうかは慎重になるべきであり，さらに効果的・効率的な方法がある可能性を否定できない。この点から，教育に関わる人はもちろんのこと，（心理学の）理論は広く学ぶことが望ましい。

(3) メタ認知を教育実践に活かすには

　上述のように，メタ認知は高度な水準の認知活動である。そのため，幼少期では認知発達的な要因でメタ認知活動の実行やメタ認知知識の獲得が難しい。しかし，メタ認知の獲得は成長を待てばいい，ということにはならない。それでは，どのようにメタ認知活動を行う／促進するのかというと，大人（教員や親など）が子どものメタ認知の代わりを務めることが求められる。

　子どもは自分の使う言葉や簡単な計算などの比較的容易な認知処理についても，適切にはできないことがある。このとき，大人がメタ認知の代わりを担い，間違いにともに気づき，修正方法をともに考えることで，子どもはメタ認知活動を体験することができる（否定や批判は望ましくないので注意）。中学校以降では，個人差はあるものの，発達的にもメタ認知活動の実行は可能である。しかし，実行した経験が少ないためにうまくいかない可能性があるだろう。そのときにただ代わりを務めるのではなく，例えば，モニタリングやコントロールのモデルを明示してみる。数学であれば，子どもが問題を解いているときに「ここでつまずきやすいから（モニタリング），慎重に解いて見直しもしよう（コントロール）」といったように，メタ認知活動を言語化して伝えることで，学習者はメタ認知活動の存在とその必要性を知ることができ，さらにメタ認知知識も獲得できる可能性もある。

　また，重要なメタ認知知識はいつでも参照できるように資料にしておく（例：簡単に計算できたと思っても，もう一度確認する）。加えて，その学習に必要なメタ認知活動もリストにしておくことで，それらを参照して（適切な）メタ認知活動を経験しながら学習を進めることができる（これは作動記憶を考慮していて，「考えながら」を避けることができる）。例えば，概念に関する説明文を初めて読むとき，一度だけ通して読むだけでは説明内容を理解するのは難しいかもしれない（犬塚，2013）。このとき，説明文に多く触れたことのある教員は慣れた形で自分の読解過程を把握し，わかりにくいと思うところは読み直す／ゆっくり慎重に読むといったコントロールができるであろう。しかし，メタ認知活動に慣れていない学習者は，ただ読み通してしまう可能性もある。そこで，「わかった気になったところがないか点検する」や「文章を3つ分読み終わったらわかっていない箇所を探す」などのモニタリングと，「わからなかっ

たところはもう一度読む」や「重要そうなところは慎重に読む」などのコント
ロールをチェックシートにしておくと，それに従ってメタ認知活動の体験が期
待できる。

　同じようにメタ認知活動を活発にする方法として協同学習の説明活動がある
（6章，9章も参照）。この説明活動は子ども同士，生徒間で実施されるため，
同じ立場での経験がなされる。決められた内容を他者に説明したとき，相手の
反応や理解状況が自分の説明活動に関する客観的な評価となるため，自分では
正確に実施しにくいモニタリングの代わりとなる。あるいは，説明している最
中に自分の理解不足や勘違いに気がつくことも期待できる。なお，この説明活
動は，「他者にわかりやすく説明する」ために情報の精緻化も促進される。こ
のように，すでに現在行われている，あるいはこれから求められる教育実践の
なかに，メタ認知の教育を組み込むことができる。

3. 学習方略と自己調整学習

　本章第1節と第2節では記憶と（記憶を中心とした）メタ認知について紹介
した。本章の最後に，記憶だけではなく複雑な概念の理解など，より広汎的な
学習に関わる学習方略を取りあげる。学習方略は，学習を効果的・効率的に進
めるための工夫や計画で，一般的に耳にする勉強方法や学習法と同義である。

(1) 学習方略の分類

　一言に学習方略と言っても多種多様な方略がある。表8-1は多様にある学習
方略を大きく3つに分類し，それぞれの分類の例となる方略を示している。分
類は，学習内容の習得に直接関わる認知活動を反映した認知方略，自分の外側
のリソース（他者，図書館，インターネットなど）を利用する外的リソース方
略，そして，その両方を把握して制御するメタ認知方略がある。

　認知方略は，その多くが認知心理学，とりわけ本章第1節で取りあげた，記
憶の知見による方略が数多くある。画像優位性効果や処理水準効果の知見と一
致しており，表8-1の体制化方略や精緻化方略に加えて，概念をイメージする
（イメージ化方略），学習内容の意味を理解する（意味理解方略）などの方略を

表 8-1　学習方略の大分類および小分類に割り振られる方略例とその方略知識

(村山，2007 を参考に作成)

大分類	小分類（例）	方略知識（例）
認知方略	体制化方略	似たような概念同士をまとめる
	精緻化方略	あたらしい概念と自分が既にもつ知識と結びつける
	丸暗記方略	とくかくそのまま覚える
メタ認知方略	モニタリング方略	自分の学習状況を把握する
	コントロール方略	（現状を踏まえて）学習量や学習方法を変える
	プランニング方略	これから行う学習の計画を立てる
外的リソース方略 （学業的援助要請）	自律的援助要請	わからないところはまず自分で考えて，それから人に訊く
	依存的援助要請	わからなければとにかくすぐに人に訊く

よく使用する学習者ほど，丸暗記方略や単純反復方略をよく使用する学習者と比較して，学業成績が良いということがさまざまな研究の結果から示されている（e.g., 堀野・市川，1997）。また，メタ認知方略は，第2節のメタ認知活動とほぼ同じとみなすことができる。第2節のモニタリングはモニタリング方略，コントロールはコントロール方略である（表8-1 参照）。さらにプランニング方略など学習方略独自の方略も提案されている（図8-2C も参照のこと）。メタ認知方略はその小分類にかかわらず，どれも使用されるほど学業成績が高まると考えられている（e.g., Pintrich & De Groot, 1990）。加えて，外的リソース方略は自分の外側の資源（リソース）を利用する方略である。自分の認知以外の資源は多岐にわたるが，そのなかでも教育実践に深く関わる方略として，わからないときに他者に援助を求める学業的援助要請がある。この学業的援助要請には，わからないことがあったら自分で考えようとしないで，すぐに他者に解答を聞こうとする他者依存の援助要請（依存的援助要請）と，わからなくともまず自分自分で考えて，それから他者に聞く援助要請（自律的援助要請）がある。依存的援助要請をよく用いる学習者と比べて，自律的援助要請をよく用いる学習者の方が，良い成績に至ると考えられている（e.g., 瀬尾，2007）。

(2) 学習方略を獲得して使用に至るまで

　学習方略は，そのことの知識を得れば使えるわけではない。さらに，ある方

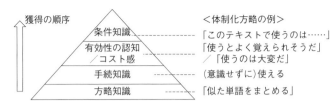

図 8-3　学習方略の使用に関わる要因のモデルと体制化方略の例（山口，2019 を参考に作成）
ピラミッド型の下から順に獲得される。

略が使えるようになったからといって，使うとは限らない。学習方略を知り，使えるようになり，実際に使用するまでの過程は以下のように考えられている（図 8-3）。

　まず，学習方略の獲得について，方略知識と手続知識が必要である。方略知識は「英単語学習における体制化方略とは，似た意味の単語をまとめて覚える工夫である」といったように，ある方略とは何かを示す知識である。そして，手続知識は使い方に関する知識であり，手続知識を獲得することでその方略を使うことができると考えられている。手続知識は使う手順や方法に関する知識であり，獲得するには手続記憶と同じ性質があると考えられている。つまり，無意識的に使いこなすためには，学習者本人が実際に体験して学習する必要がある。特に，図 8-3 に示した体制化方略や表 8-1 で示した精緻化方略，メタ認知方略は複雑な認知過程であるため，十分な反復練習を要する。

　次に，獲得した方略を使用するかは，その方略が効果的であるといった有効性の認知や，使用するのが大変（面倒）であるといったコスト感が影響する。そして，学習者はある方略についてただ漠然と有効性の認知とコスト感をもつだけでなく，「いつ（効果的か）」「どんな課題で（効果的か）」などの条件知識をもつことが知られている。例えば，ある方略について将来の学習に効果的であるという長期的な見通しの有効性の認知よりも，次の試験に効果的であるといった有効性の認知が高い方略をよく使用することが示されている（村山，2003；山口，2017）。

（3）学習者として熟達する：自己調整学習者を目指した教育

　ここまで取りあげた記憶の特徴とその工夫や学習方略は，あくまで知識を獲

得する方法であり，「その方法を適切に扱うことができるか」はメタ認知が制御し，そしてそもそも「勉強するか」といった動機づけも関与する（7章参照）。さらに学習は，一度だけではなくて，生涯を通して行われていく。その内容は変化・高度化するだろうが，何かを学習しようとする機会は繰り返されていく。このとき，メタ認知によって自分自身の学習活動を把握・制御して，より良い学習に到達していく学習のことを自己調整学習（自己制御学習とも表記される）と言う。そして，自己調整学習を実行できる学習者のことを自己調整学習者と呼ぶ。このとき対象となる学習活動のなかには，動機づけまで含まれるため，自己調整学習は自らを学習活動に向かわせる機能ももつと考えられている。自己調整学習のモデルは多様であるが，その1つに学習を繰り返していくなかで，事前の目標設定や自身の動機づけを高め，実際に課題を実行し，その実行を振り返り，そして次の学習の準備をするメタ認知の循環モデルがある（図8-4）。

　このモデルからわかるように，実行の段階に使用できる学習方略が多くあることで柔軟に対応でき，事前準備と振り返りの段階では適切なメタ認知活動が

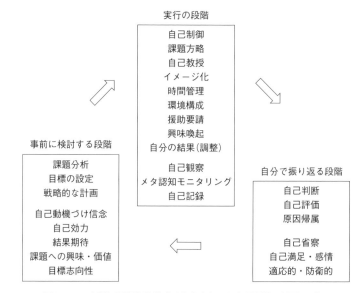

図8-4　メタ認知過程と動機づけを中心とした自己調整の循環モデル
（Zimmerman & Moylan, 2009 を参考に作成）

求められる。そして，このような循環モデルを機能させるためには，メタ認知知識が重要な役割を果たす。例えば，有効性の認知とコスト感はあくまで学習者の主観的な認知であるため，実行の段階で用いる方略に対する条件知識とその有効性の認知が理論的に適切でなければ，実行に失敗する。また，事前の段階における課題要求の勘違いや，身につけるべき学習内容でも「その場しのぎの得点稼ぎ」のように動機づけを違えると，適切な学習活動も，目標到達も期待できないだろう。このことからも，教育によるメタ認知知識の教授や改善は重要な課題である。

　学習方略や自己調整学習の教育において重要なのは，メタ認知知識や学習方略について授業を通して「明示的に伝える」ことである。特に中学校以降は学習内容が多くなり，さらに内容も複雑化していく。メタ認知知識として，記憶の工夫や適切な学習方略の使用の教授は必須と言える。また，大学や社会に出てからは自律的な学習が求められるために，メタ認知活動も指導する必要がある。そのため，教師一人ひとりが各科目において，さまざまな学習方略やメタ認知知識の教授，学習方略やメタ認知活動の体験の機会を工夫して設けることが望まれる。さらに，教科を横断した学習活動の指導まで考案するとよい。例えば，同じ科目であっても単元ごとに用いるべき学習方略が異なる，あるいは科目が異なっても共通して扱うべき学習方略もあることが指摘されている（押尾，2017）。このことを，教師が児童・生徒・学生に明示的に伝えるべきである。また，手続記憶および学習方略の手続知識の獲得には反復練習が必要で，時間がかかることにも配慮しなければならない。

　そして，加えて重要なのは，記憶や学習方略などの認知活動には，発達段階によっては使うことができない方法があるということである。獲得が難しい時期に指導をして，獲得できなかったからといって責めることはできない。かといって，小学校（特に低学年）では学習方略を指導しなくても良いわけではなく，丸暗記方略などの手続知識の獲得が容易な学習方略を「この課題だからこの方法で学んでいるのだ」というメタ認知知識とともに教授することはできる。その先のより高度な符号化・学習方略の獲得に向けて，明確に学習方法を指導することが望まれる。

■引用文献

Atkinson, R. C., & Shiffrin, R. M. (1971). The control of short-term memory. *Scientific American, 225*, 82-91.

Baddeley, A. (2000). The episodic buffer: A new component of working memory? *Trends in Cognitive Sciences, 11*, 417-423.

Beilock, S. L., Kulp, C. A., Holt, L. E., & Carr, T. H. (2004). More on the fragility of performance: Choking under pressure in mathematical problem solving. *Journal of Experimental Psychology: General, 133*, 584-600.

Beilock, S. L., Rydell, R. J., & McConnell, A. R. (2007). Stereotype threat and working memory: Mechanisms, alleviation, and spillover. *Journal of Experimental Psychology: General, 136*, 256-276.

Dunlosky, J., & Metcalfe, J. (2008). *Metacognition*. Thousand Oaks, CA: Sage Publications.

堀野　緑・市川伸一 (1997). 高校生の英語学習における学習動機と学習方略　教育心理学研究, *45*, 140-147.

犬塚美輪 (2013). 読解方略の指導　教育心理学年報, *52*, 162-172.

Karpicke, J. D., & Roediger, H. L., III (2008). The critical importance of retrieval for learning. *Science, 319*, 966-968.

Kornell, N., Rhodes, M. G., Castel, A. D., & Tauber, S. K. (2011). The ease-of-processing heuristic and the stability bias: Dissociating memory, memory beliefs, and memory judgments. *Psychological Science, 22*, 787-794.

Miller, G. A. (1956). The magical number seven, plus or minus two: Some limits on our capacity for processing information. *Psychological Review, 63*, 81-97.

村山　航 (2003). 学習方略の使用と短期的・長期的な有効性の認知との関係　教育心理学研究, *51*, 130-140.

村山　航 (2007). 学習方略—子どもの自律的な学習を目指して—　藤田哲也 (編著)　絶対役立つ教育心理学—実践の理論，理論を実践— (pp. 85-100)　ミネルヴァ書房

Murayama, K., Pekrun, R., Lichtenfeld, S., & vom Hofe, R. (2013). Predicting long-term growth in students' mathematics achievement: The unique contributions of motivation and cognitive strategies. *Child Development, 84*, 1475-1490.

押尾恵吾 (2017). 高等学校の教科における学習方略の横断的検討—方略使用および有効性の認知に着目して—　教育心理学研究, *65*, 225-238.

Pintrich, P. R., & DeGroot, E. V. (1990). Motivational and self-regulated learning components of classroom academic performance. *Journal of Educational Psychology, 82*, 33-40.

Schraw, G., & Moshman, D. (1995). Metacognitive theories. *Educational Psychology Review, 7*, 351-371.

瀬尾美紀子 (2007). 自律的・依存的援助要請における学習観とつまずき明確化方略の役割—多母集団同時分析による中学・高校生の発達差の検討—　教育心理学研究, *55*, 170-183.

Squire, L. R., & Zola, S. M. (1996). Structure and function of declarative and nondeclarative memory systems. *Proceedings of the National Academy of Sciences, 93*, 13515-13522.

山口　剛（2017）．学習方略の使用に対する時期と使用法の有効性の認知　心理学研究, *88*, 51-60.

山口　剛（2019）．学習方略の使用におけるメタ認知的知識と達成目標の役割　風間書房

Zimmerman, B. J., & Moylan, A. R.（2009）. Self-regulation: Where metacognition and motivation intersect. In *Handbook of metacognition in education*（pp. 311-328）. New York: Routledge.

第9章　授業の方法：教育の実践

　子どもたちにどのような授業をしたらよいのか。これは今も昔も教師にとっての主要なテーマの1つである。おそらく，どんな場面にも通用するような「ベスト」や「正解」の教授方法はない。しかしながら，さまざまな授業の方法を把握し，そのときの状況や，そのとき指導する学習者たちに合わせられるような「選択肢」をもっておくことは非常に重要だろう。教育心理学において，これまでさまざまな学習形態とそれに基づく授業の方法が提案され，研究されてきた。この章では，「主体的な学び」，「個に応じた学び」，「ICTを使った学び」の3つをキーワードとして多様な学習形態および授業の方法を概観し，教育の実践について考えてみたい。

1. 主体的な学びを促すために

　学習者の主体的な学びを促し，自ら学んでいく力を育成することは，教育の使命と言っても過言ではない。しかしながら，実際にはそういった学びを促すことは容易ではなく，多くの工夫が必要となる。

(1) 発見学習

　発見学習は，ブルーナー（Bruner, J. S.）によって提唱されたものである。この発見学習において学習者は，科学者が科学法則を発見していくようなプロセスを追体験していく。つまり，自らが問題を「発見」して自律的に解決していくことになる。しかしながら，学習者にすべてを任せ，ただやみくもに取り組ませたのでは効果は期待できないだろう。ここでは，①課題の把握，②仮説の設定，③仮説の練り上げ，④仮説の検証，⑤発展とまとめ，という5つの段

階が想定されている。こういった段階を経ながら学習者は学びを深めていくと考えられるため，教師側が上記のような学習の道筋をうまく示すことが重要である。また，生徒が興味をもつような課題を選択することも必要だろう。

　それでは，この発見学習のメリットとはどのようなものだろうか。まず，問題解決の技法が身につくということが挙げられる。ブルーナーは，発見学習に関して「科学の知識が発見され，生成された過程を学習者に再体験させるならば，問題解決に役立つ，応用可能な知識となる」と述べている。複雑な事象から課題を同定し，自ら仮説を立ててアプローチしていくという経験は，必ずしも解が1つではない事柄を多く扱う現代社会においてきわめて重要であると考えられる。他にも，発見学習によって自律的な動機づけや，深い理解の促進も期待できるだろう。人間は，行動を自ら生起し決定したいという「自律性の欲求」をもっており，そういった欲求が満たされることで，自律的な動機づけが促進される（Deci & Ryan, 2002）。つまり，教師が一義的に学習を規定するのではなく，学習者が自ら問題を発見し，それに対して自律的にアプローチする自由が認められるのであれば，自律性の欲求は満たされることとなる。そして，自律的な動機づけは，理解をともなったより質の高い学習を導くとされている。

　しかしながら発見学習は，手間がかかることが難点である。学習者がうまく発見学習を進めるために必要な教材を用意したり，環境を整えたりすることは，忙しい教師にとって大きな負担になるかもしれない。また，時間がかかるというデメリットもある。多くの内容を扱わねばならないカリキュラムのなかでは，時間の制限から，すべてにおいて発見学習を用いるのは困難だろう。さらに，発見学習では，学習者にゆだねる部分が大きいため，教師側が学んで欲しいことを，必ずしもすべての学習者が学べるという保証がない。そういった場合は，学習中の教師の声かけや，学習後の教師のフォローアップが非常に重要になる。なお，わが国では，この発見学習に類するものとして，板倉（1974）の仮説実験授業がよく知られている。仮説実験授業では，ある題材に関して仮説をもったうえで議論を行い，その後，実際に実験して仮説を検証することとなる。その際，教師が題材に対していくつかの仮説を提示し，学習者はそのなかから1つを選択する。次に，学習者は自身の選んだ仮説の立場から，なぜ自分の選んだ仮説が正しいと思うのか，なぜそれ以外の仮説は正しくないと思うのかなど

を議論していく。ここで興味深いのは，議論の最中に自分の選んだ仮説を変えてもよいということである。発想を柔軟に変えたり，受け入れたりする姿勢も学ぶことができるだろう。このようなプロセスを通して，実験の結果だけではなく，その理由や背景原理，学習の姿勢などについても学ぶことができる。

(2) 有意味受容学習

　オーズベル（Ausubel, D. P.）が提唱した有意味受容学習とは，どのようなものだろうか。まず，理解しやすいように「有意味」と「受容」を分けて考えてみよう。「有意味」学習とは，知識の関連づけなどに基づく「理解」を基盤とする学習であり，関連づけなしに暗記的に覚えようとする機械学習に対する概念である。次に，「受容」学習とは，学習すべき内容が学習者に提示されるものであり，学習者自らが発見しなければならない発見学習に対する概念である。つまり，有意味受容学習とは，「提示された内容を学習者が理解して学ぶような学習の形態」と考えることができる（6章も参照）。

　受容学習は，上述した発見学習に比べると，時間や手間はかからないが，学習者の受け身的な側面が強い学習形態である。教師が学習内容を一方的に提示しても，受け身となってしまった学習者の理解を促すことは容易ではない。そこで，それらの観点を克服するのが，「受け身の学習であっても，効率よく学習者の理解を促そう」という有意味受容学習の発想である。ここでキーとなるのが，「先行オーガナイザー」である（6章も参照）。これは，特定の学習に先行して与えられるその学習内容に関連する抽象的・概念的な枠組みや知識のことである。例を用いて先行オーガナイザーを体験してみよう。

　　新聞の方が雑誌よりいい。街中より海岸の方が場所としていい。最初は歩くより走る方がいい。何度もトライしなくてはならないだろう。ちょっとしたコツがいるが，つかむのは易しい。小さな子どもでも楽しめる。一度成功すると面倒は少ない。鳥が近づきすぎることはめったにない。ただ，雨はすぐしみ込む。多すぎる人がこれをいっせいにやると面倒がおきうる。ひとつについてかなりのスペースがいる。面倒がなければ，のどかなものである。石はアンカーがわりに使える。ゆるんでものがとれたりすると，それで終わりである。（Bransford & Johnson, 1972; 西林, 2006）

　この文章内容を理解できただろうか。おそらく，何のことだかよくわからず，理解できなかった（記憶できなかった）だろう。実はこの文章は，「凧を作って揚げる」ことについて書かれたものなのである。そう考えてもう一度文章を読んでみると，内容を理解できるのではないだろうか。この場合の「凧揚げ」という情報が，先行オーガナイザーにあたるのである。凧揚げという情報が「核」となることで，その後の学習内容同士の関連づけが容易となり，理解につながる。また，先ほどの例でもう１つ興味深いことは，人はすでにもっている知識（既有知識）をうまく使えない場合があるということである。おそらく読者のほとんどの方は「凧揚げ」とはどのようなものかを知っていたはずだが，先ほどの文章を読む際に，自発的にその知識を使うことができなかったのではないだろうか。先行オーガナイザーは，既有知識を活性化して使用可能な状態にするので，既有知識と新規の学習内容とを関連づけ，有意味なものとして学習することができるのである。なお，新聞のヘッドラインや見出し，パワーポイントのスライドのタイトルなど，身近には多くの先行オーガナイザーが存在する。

　それでは，この先行オーガナイザーは授業場面においてどのように用いることができるだろうか。まず，「授業」単位で考えると，本日の授業の内容を冒頭に説明することが挙げられる。それにより，学習者は「今日は○○について学習するんだ」と思って授業を受けられるため，学習内容の理解が容易になると考えられる。また，もう少し広い「単元」などで考えると，その単元の内容，進め方やプランなどを先に提示するのもよいだろう。そうすることで，広い学習内容のなかで，自分は今何をやっているのか，何のためにやっているのかなどの立ち位置が明確になりやすいと考えられる。

　また，先行オーガナイザーに関連すると考えられるのが「予習」である（篠ヶ谷，2008）。つまり，次の授業で学習する内容に対して各自があらかじめ情報を得ておくことによって，授業内で学ぶ内容を理解しやすくなるのである。その際注意しなければならないのは，学習者に「予習の仕方」をあらかじめ教授することだろう。最初は予習に慣れていない学習者も多いため，どのように予習をすればよいのか，どのような予習が好ましいかなどについてまずは具体的に教えることが必要である。例えば，単に次の授業の学習内容を確認するだけではなく，疑問をもった部分はどこなのか，なぜ疑問をもったのかなどを考え

ることで，メタ認知（詳細は8章参照）の育成にもつながるとされている（市川・植阪，2016）。そして，予習の効果を実感することができれば，それが動機づけとなり，授業内学習と授業外学習をつなぐ良い学習サイクルにつながっていくだろう。

(3) アクティブ・ラーニング

　平成29（2017），30（2018）年に改訂された学習指導要領では，育成すべき資質・能力の3つの柱として「①生きて働く知識・技能の習得，②未知の状況にも対応できる思考力・判断力・表現力等の育成，③学びを人生や社会に生かそうとする学びに向かう力・人間性等の涵養」が挙げられている。こういった資質・能力を学習者に身につけさせるためには，「アクティブ・ラーニング」が重要であるとされる。文部科学省（2012）は，アクティブ・ラーニングとは，教員による一方向的な講義形式の教育とは異なり，学修者の能動的な学修への参加を取り入れた教授・学習法の総称であり，発見学習，問題解決学習，調査学習等，教室内でのグループ・ディスカッション，ディベート，グループ・ワーク等が含まれるとしてる。つまり，アクティブ・ラーニングとは特定の学習形態ではなく，「能動的な学び」を中心とした大きな概念であることがわかる。また，文部科学省は近年，このアクティブ・ラーニングを「主体的・対話的で深い学び」という言葉に置き換えて使用している。ここから，文部科学省の考えるアクティブ・ラーニングには，3つの大きな要素が含まれていることがわかる。以下では，文部科学省（2016）を参照しながら，それぞれの要素について確認していこう。

　まず，「主体的な学び」とは，「学ぶことに興味や関心を持ち，自己のキャリア形成の方向性と関連付けながら，見通しを持って粘り強く取り組み，自己の学習活動を振り返って次につなげること」とされている。1999年の中央教育審議会の答申に「キャリア教育」という言葉が使用されたことを皮切りに，小学校段階からのキャリア教育が推進されるようになった。こういったキャリア教育と教科教育との関連は，実は動機づけの観点から考えても望ましいことがわかっている。つまり，「学習内容が自分の将来に役立つ」という動機づけは，積極的な教科での学びにつながるのである（e.g., 西村ら，2011）。こういった

動機づけに関した，興味深い調査結果がある。国立教育政策研究所（2016）は，2006 年と 2015 年の PISA（Programme for International Student Assessment）の「生徒の科学に対する態度」に対する回答結果を比較している。PISA とは，OECD（Organisation for Economic Co-operation and Development：経済協力開発機構）が実施する国際的な学習到達度調査のことで，義務教育修了段階（日本では高校 1 年生を対象）において身につけた知識・技能を，実生活のさまざまな場面で直面する課題に対して活用する力を測るものである。合わせて，アンケートによる調査も行われている。アンケートで尋ねられた「科学の楽しさ」（項目例：科学についての本を読むのが好きだ）は，2006 年から 2015 年にかけて値がほとんど変わらず，OECD の平均から見ても，日本はかなり低い位置にある。つまり，「楽しい・面白い」という内発的な動機づけは非常に重要だが，そういった動機づけを高くもって学習することはなかなか難しいことを示している。一方で，「理科学習に対する道具的な動機づけ」（項目例：将来自分の就きたい職業で役立つから，努力して理科の科目を勉強することは大切だ）はその値が大幅に上昇しており，2015 年では OECD の平均にかなり近づいている。上昇の理由は一概には言えないが，もしかしたらキャリア教育が教科の学習と結びつけられ，うまく機能している証拠なのかもしれない。この結果は，道具的な動機づけの促進可能性が大きいことを示している。

　次に，「対話的な学び」とは，「子ども同士の協働，教職員や地域の人との対話，先哲の考え方を手がかりに考えること等を通じ，自己の考えを広げ深めること」にあたる。こういった「子ども同士の協働」は，教育心理学において，協同学習として研究されてきた（e.g., 杉江, 2011；協同学習については 6 章，8 章も参照）。しかしながら，授業中にただ単にグループを作って学習をさせただけでは，効果があるとは限らない。ここでは，ジョンソンら（Johnson et al., 1991）の「効果的な協同の 5 つの基本要素」が重要になる。つまり，肯定的な相互依存（個人の成功がグループの成功と結びついている），促進的相互交流（学習者はお互いに積極的に助け合う），個人と集団の責任（グループは目標達成に責任が，メンバーはグループ活動に貢献する責任がある），集団作業スキルの発達（グループのメンバーとしてうまく活動するために必要な対人関係スキルを身につける），グループの改善手続き（学習者はグループの成果

を評価することを学ぶ必要がある）である（それぞれに対応する指導方法の詳細は瀬尾（2016）などを参照のこと）。こういった要素を踏まえた協同学習を促すことができれば，効果的な学びを行うことができるだろう。子どもたちの「主体性」を重視するといっても，やはり教師側の仕掛けも必要となるのである。

　最後に，「深い学び」とは，「習得・活用・探究という学びの過程のなかで，各教科等の特質に応じた『見方・考え方』を働かせながら，知識を相互に関連付けてより深く理解したり，情報を精査して考えを形成したり，問題を見出して解決策を考えたり，思いや考えをもとに創造したりすることに向かうこと」に相当する。ここからも，深い理解のために，「知識の関連づけ」が非常に重要であることがわかるだろう。また，情報の精査という部分に関連して，奈須（2017）が興味深い算数の文章問題を紹介している。それは，「140人の子どもがいました。これからバスに乗って出かけます。バスは60人乗りで，利用する高速道路の制限速度は80キロです。バスの運転手さんは28歳です。バスは何台必要ですか？」という問題である。つまり，文章のなかに解決に不必要な情報も含めておき，そこから必要な情報を学習者自らが見つけ出して利用するといったような問題である。奈須（2017）は，こういった学びこそがまさにオーセンティック（真正）な学び（具体的な文脈や状況を豊かに含みこんだ本物の社会的実践への参画としての学び）であるとしている。

　実際の教育場面においてアクティブ・ラーニングは，何かしらの「体験」がともなうような形態が多いと考えられる。例えば，上述したような，調査学習，グループ・ディスカッション，ディベートなどが挙げられるだろう。ややもすると，こういった体験的な学習は，「やっただけ」になってしまい，学習者の学びを深めるに至らない可能性がある。そのため，体験的な学びの後には，特に「振り返り」が重要になる。ここでは，経験主義で有名なデューイ（Dewey, J.）の発想が参考になる。デューイは，問題解決などの取り組みに対する反省的思考を重視した。つまり，自らの活動や取り組みの過程や結果を振り返り，それらを俯瞰して考え，意味づけることで，次の学習につながっていくと考えられる。「体験」は，振り返りを通して，はじめて「経験」となるだろう。

2. 個に応じた学びを促す指導

　近年，教育場面においてもさまざまな意味での多様性が広がってきている。そういった多様な個性・価値観をもつ学習者に対して，教師はどのようにアプローチすることができるだろうか。この節では，個に応じた学びをキーワードにしながら，教育方法について考えてみたい。

(1) プログラム学習

　プログラム学習とは，スキナー（Skinner, B. F.）によって提案された，オペラント条件づけを応用した学習形態である。オペラント条件づけとは，ある出来事に対して起こる特定の自発的な行動（オペラント行動）に随伴して強化子を与える，もしくは除去することで，その行動の生起頻度が変化することである（詳しくは6章を参照のこと）。つまり，プログラム学習では，学習者が問題に正解したら正のフィードバックを，間違えたら負のフィードバックを与えることで，学習を促そうとするのである。

　プログラム学習は，「複雑な学習も単純な行動の連鎖の習得に分解することができる」という理念を背景としている。これは以下で紹介するスモールステップの原理にも反映されている。また，プログラム学習では，ティーチング・マシンという機材を使って学習することになる。学習者一人ひとりがこのティーチング・マシンを使って学習するため，プログラム学習は個別学習の1つの形態と位置づけられるのである。

　このプログラム学習には，5つの原理が想定されている。表9-1から，プログラム学習は一斉授業とは異なり，個人差を重視した学習であることがわかるだろう。なお，このプログラム学習は，1980年代以降のパソコンを用いた学習（Computer-Assisted Instruction；CAI）に発展していった。プログラム学習の原理は，近年のe-Learningのベースにもなっていると考えられる。

　プログラム学習は，基本的にある問題に対する「答え」の「正解・不正解」に焦点を当てるものである。そのため，どのように考えてその答えに至ったのかといった学習プロセスの評価には向いていないといえるだろう。プログラム

表 9-1　プログラム学習の 5 つの原理（中澤，2008 を参考に作成）

原理	内容
スモールステップの原理	学習内容を小さなステップに分解して難易度の順に提示する
積極的反応の原理	学習者に積極的に回答させる
即時確認の原理	回答に対してすぐに正誤のフィードバックを与える
自己ペースの原理	学習者は自分のペースで学習を進められる
フェイディングの原理	はじめは正答しやすいようにヒントなどを与え，徐々にヒントを減らしていく

学習を強く推奨してしまうと，学習者は「正解か不正解か」のみを気にするようになってしまう。つまり，先述した機械学習に陥ってしまうのである。そのため，プログラム学習と合わせて答えに至るまでのプロセスについても把握できるような問題（例えば，答えの理由までを書かせるような記述問題）を出題したり，「理解」の重要さを学習者に繰り返し伝えたりすることなども重要になると考えられる。

(2) 適性処遇交互作用

　適性処遇交互作用（Aptitude Treatment Interaction: ATI）は，クロンバック（Cronbach, L. J.）によって提唱された。ここでは，学習者の有している適性・特性と，学習者に対する教授方法との交互作用によって，学習の成果が変わってくると考える。なお，ここでいう適性とは，IQ のような知能に関するものだけではなく，認知スタイルやパーソナリティ，態度などを含む広い概念である。

　この適性処遇交互作用に関しては，大学生の初等物理学の授業を対象としたスノーら（Snow et al., 1965）の研究が有名である。大学生は 2 つのグループに分けられ，片方のグループには教師による通常の授業が，もう片方のグループには映像による授業が実施された。そして，物理学に関する達成の指標である小テストのほかに，対人積極性などを測定する適性検査も行われた。単純に 2 つのグループを比較しても小テストの得点にほとんど違いはなかったが，対人積極性でグループ分けをして小テストの得点を比べてみると，おもしろいことがわかった。つまり，対人積極性が高い大学生は，教師による授業において

高い得点を示し，対人積極性が低い大学生は，映像による授業で高い得点を示したのである。

実験紹介　テスト形式と習得目標の適性処遇交互作用
村山（2003）

　この研究では，中学生の社会科の学習における，テスト形式と習得目標の適性処遇交互作用における学習方略の使用について検討されている。なお，この研究においては，習得目標が「適性」として扱われている。

　方法　中学生 83 名が，確認テストが空所補充型で実施される「①空所補充群」，確認テストが記述式で実施され，答案に具体的な添削がされない「②記述‐非添削群」，確認テストが記述式で実施され，答案に具体的な添削がなされる「③記述‐添削群」にランダムに分けられた。そして，3 つの群に対して，5 回分のまったく同じ内容の授業が行われた。さらに，質問紙によってテスト前の学習における暗記方略（内容を理解せずにそのまま覚える学習方法）の使用量，テスト前の学習におけるミクロ理解方略（個々のできごとや人物に対する意味を理解して覚える学習方法）の使用量，習得目標（学習内容の習得を目指す目標）を有する程度などが測定された。

　結果　まず，「テストが空所補充である」と提示するだけで，暗記方略が多く使用され，理解型の方略が使用されにくいということが示された。一方で，「テストが記述式である」と提示すると，暗記方略の使用が少なくなり，理解型の方略の使用が増えていた。ここから，テストの形式（空所補充 or 記述）を学習者に提示するだけで，学習への取り組み方が規定されてしまうことがわかる。そして，適性処遇交互作用に関する結果も示された。「記述式の 2 群（②③の群）」については習得目標の高低によって，暗記方略，ミクロ理解方略の使用量に違いはなかった。一方で，「①空所補充群」については，習得目標の値が高い者ほど，暗記方略の使用量が少なくなり，ミクロ理解方略の使用量が多くなっていた。

　考察　この研究から，テストの形式と習得目標との組み合わせによって，学習方略の使用が規定されることが示された。特に，空所補充のテスト形式の提示は，「習得目標が低い学習者」の効果的な学びを阻害してしまうことがわかった。

　以上のように，学習とは，個人のもつ適性・特性と教授方法との組み合わせによってもたらされると考えられる。そのため，その個人の適性に合わせた授業を展開することが理想ではあるが，現実の教室場面では容易ではない。さまざまな適性・特性をもつ学習者がともに学んでいる教室において，一人ひとりに合わせて教授方法を変えることは大変困難である。しかしながら，教師が適

性処遇交互作用の考え方を念頭に置いておくことは非常に重要である。なぜなら，この適性処遇交互作用の考え方は，それぞれの学習者に向き合ってその適性を把握しようという姿勢や，1つの授業スタイルに偏らないような授業方法の・発想・工夫・改善などにつながっていくと考えられるからである。

(3) 完全習得学習

　完全習得学習は，ブルーム（Bloom, B. S.）によって提唱された。この完全習得学習は，「どのような子どもでも十分な時間と適切な学習環境を与えられれば，学習内容のほとんどを理解することができる」という理念を前提としている。完全習得学習の具体的なステップを以下に記す（新井, 2009）。

---

① 当該単元について教育目標を明確にして，習得すべき水準を具体的にする。
② 教育目標について，より小さい下位目標の集合に分ける。
③ 診断的評価を行い，目標達成のための最適な教材や教え方を選択する。
④ 形成的評価を行い，個々の学習者のつまずきを把握する。
⑤ 十分に習得していたら，学習者にそれをフィードバックして強化する。
⑥ つまずきのある学習者には，それを克服するための補修的な指導を行う。
⑦ 設定された習得すべき水準に達しないかぎり次の目標に進まない。
⑧ 単元の授業が終了したあと，総括的評価を行う。

　完全習得学習では，3つの評価方法（③④⑧に対応）が特に重要になる（評価については10章を参照）。1つ目は，診断的評価である。これは，特定の学習に先立って，学習者の現状を把握するために行われる評価である。同じ教室にいる子どもでも，その知識体系は一様ではない。例えば，まだ学校で習っていない内容だからといって，それに関してまったく知識をもっていないわけではない。近年では，塾に通っている子どもも多く，すでにそこで知識を得ているかもしれない。また，子どもは日常生活の体験のなかでも，多くの知識を得ている。これは素朴概念と呼ばれ，学校で身につける科学的概念と対比されるものである。既有知識は後続の学習に影響するため，誤った素朴概念をもっている学習者には特に注意が必要だろう。そういった学習者を把握するためにも，診断的評価は必要なのである。

　2つ目は，形成的評価である。これは，最終目標に至るまでの学習の途中で行われる評価のことである。例えば，各授業の終わりに行われる小テスト，単元ごとに行われるテストや宿題のようなものである。完全習得学習では，特にこの形成的評価が重要視されている。つまり，学習の途中でこまめに評価を行うことで学習者の今の状態を把握し，それぞれがつまずいている部分を知ることができるのである。そして，そういった情報を利用して，教師は次の学習指導の改善につなげていける。このように，教師はその都度指導を変えていくことが重要だろう。もし期末の最終的な評価だけしかなければ，こういった学期中の細かな指導の修正はできない。なお，形成的評価はあくまで学習者の状況を把握する情報的な側面が強いため，点数や順位をつけてはいけないと言われている。

　最後に3つ目は，総括的評価である。これは，ある学習指導の最後に，学習者を総合的に判断するための評価である。例えば，学期末の評価などにあたると考えられる。この評価では，これまで学んできた内容がきちんと身についているのか，目標を達成できているのかを把握することになる。しかしながら，この総括的評価でその学習が「終わり」になるのではない。その評価結果を受けて，次の学習指導やクラス運営につなげていくことこそが重要だろう。こういった，時期の異なる3つの評価をうまく用いて指導方法を工夫していくことで，ほとんどの学習者が学習内容を完全に習得できるのである。

(4) 学びのユニバーサルデザイン

　ユニバーサルデザインとは，もともと建築や製品，情報に対して使われていた用語で，「性別，国籍，文化，障害の有無や度合いなどに関わらず，できるだけ多くの人が利用できるデザイン」のことを言う。それが教育に転じて，「学びのユニバーサルデザイン（Universal Design for Learning: UDL）」という言葉が用いられている。米国のNPO法人のCAST（Center for Applied Special Technology）は，学びのユニバーサルデザインのガイドライン（CAST, 2011）を作成し，UDL情報センターはこれを日本語に翻訳している（詳細はウェブサイト http://www.andante-nishiogi.com/udl/ を参照のこと）。2008年に制定された高等教育機会法（the Higher Education Opportunity Act of 2008）

において，学びのユニバーサルデザインとは，「情報が提示される方法，生徒の反応のしかたや知識やスキルの表し方，取り組みの仕方に柔軟性を提供する。そして，指導上のバリアを取り除き，適切な合理的配慮と支援と課題を提供し，障害のある子や（母語が外国語であるため）英語力が不十分な学生も含めすべての学生に対して学力的な期待を高く維持する」ような教育実践を導く科学的に妥当な枠組みであるとされている（Hall et al., 2012 バーンズ亀山訳 2018）。この考え方は，わが国においても発達障害を含む学習が困難な子どもの支援方法の1つとしても注目されている（e.g., 湯澤・湯澤，2017）。

　学びのユニバーサルデザインには，3原則というものがある（CAST, 2011）。それらを取りあげながら，具体的な学びのユニバーサルデザインについて考えてみよう。まず，1つ目の原則は，「認知的学習を支援するため，提示に多様な方法を提供する」（学習の「what」）というもので，情報の提示の仕方の柔軟性に関するものである。学習者のなかには，視覚情報に対する処理が苦手な子ども（例：黒板に書かれた文字を書き写すのが苦手）や，聴覚情報に対する処理が苦手な子ども（例：教師の口頭での指示内容をすぐ忘れてしまう）もいる。そのため，例えば授業中に，これから取り組む内容について口頭で指示を出すだけではなく，その内容を板書して同時に視覚的にも提示する。このように，柔軟性をもって多面的に情報を提示することで，1つの教室のなかでも多様な子どもが一緒に学ぶことができるのである。

　次に，2つ目の原則は，「方略的学習を支援するため，行動と表出に多様な方法を提供する」（学習の「how」）というもので，表現のしかた，学び方やスキルに関するものである。自分にあった表現の仕方，学習の仕方を各自で選択できるようにすることが重要だろう。この点については，次節で触れる ICT の活用が参考になる。ICT は，学習者の行動と表出を多様な側面から支援する強力なツールの1つである。

　最後に，3つ目の原則は，「感情的学習を支援するため，取り組みの多様な方法を提供する」（学習の「why」）というもので，やる気（動機づけ）や感情に関するものである。学習行動を導く動機づけには，さまざまな種類のものがある（7章参照）。例えば，市川（2001）は，学習動機の二要因モデルを提唱し，6つの動機づけを紹介している（図9-1）。教室のなかには，知力をきたえるた

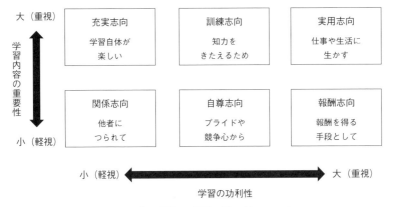

図 9-1　学習動機の二要因モデル（市川, 2001)

めに学習する子どももいれば，他者につられてなんとなく学習している子ども
もいる。また，同じ学習者であっても，興味がある単元では学習が楽しいとい
う動機づけが強くなるが，興味がない単元ではとりあえず何かの報酬（例：良
い成績）を得る手段という動機づけが強くなるかもしれない。さらに，1つの
学習に対しても，同時に複数の動機づけをもって取り組むこともあるだろう。
このように，学習者は多様でダイナミックな動機づけのなかで学習を進めてい
る。そのため，いついかなるときも全員を一様に同じ動機づけに導くというこ
とではなく，その時に現れるそれぞれの動機づけを認め，支援できるような教
授方法の多様なレパートリーを考えることも大事だろう。

3.　ICT を使った学び

　テクノロジーの発達は，教育にも大きな影響を与えてる。近年では学校にお
いて，ICT（Information and Communication Technology：情報通信技術）を
活用した学習が普及してきている。それでは，具体的に ICT を用いてどのよ
うな指導ができるだろうか。最初に，各教科における ICT の活用例を確認し，
その後，学校現場において特に馴染み深い電子黒板に焦点を当てて考えてみた
い。
　まず，各教科における ICT の活用例について考えてみよう（詳しくは教育

情報化推進協議会，2009 を参照のこと）。国語では，「プレゼンテーションソフトを使って意見を発表する」「ワープロソフトを使って文章表現を学習する」といったことができる。これによって，効果的に相手に情報を伝える力を育成し，文章の作成や成果物の発表が容易になるだろう。社会では，「地図，写真などの図書資料を液晶プロジェクタで投影する」「地域の学習の際，TV 会議システムや掲示板を利用する」といったことが挙げられる。実際には行けない場所を確認することで理解を深めたり，他の地域の学習者との交流が動機づけとなったりするだろう。英語では，「発音についてのビデオクリップの利用やビデオ撮影」「ゲーム要素を取り入れたコンテンツなどを使用する」ということが可能である。自分の発音を振り返って改善に生かしたり，英語に関するコンテンツなどによって興味・関心を引き出したりすることにつながるだろう。

　次に，電子黒板の活用について考えてみよう。文部科学省（2015）は，8 つの活用場面に整理して，それぞれの活用例を示している。表 9-2 には，その一部をまとめた。電子黒板には，拡大機能，書き込み機能（画像等にペン機能を使って書き込む），保存機能，タッチ機能（画像の選択，移動や切り替え），比

表 9-2　電子黒板の活用場面と活用例（文部科学省，2015 を参考に作成）

活用場面	教科における具体的な活用例
授業内容を振り返る	国語：本時の書き込みなどを保存しておいて，次時でそれらを振り返り，めあてにつなげる
わかりやすく説明する	理科：デジタルコンテンツなどを活用して，実際に見えにくい現象などを提示しながら理解させる
明確に伝える	国語：注目させたいポイントに書き込み機能を使って印をつける
興味・関心を高める	社会：TV 会議システムを利用し，インタビュー形式で相互の地域の様子を電子黒板に提示し，自分たちの住む地域と比較しながら特色を話し合う
実演でやり方を示す	技術・家庭：調理実習での包丁の使い方や，図画工作での彫刻刀の使い方など，手もとを映して模範を提示する
児童生徒に考えさせる	算数：児童が考えた解き方を複数提示し，共通点や相違点などを比較させる
児童生徒が発表する	算数：教科書にある図形の展開図などを表示し，それらに直接書き込んで発表する
知識・スキルを定着させる	英語：実際の場面を想定した地図上に道順を示しながら，目的地への行き方を説明させる

較機能（PC の画面等を同時に表示），マスク機能（画面の一部を一時的に隠す）などがあり，効果的な学びを促すための大きな可能性を秘めている。

　しかしながら，電子黒板の活用について注意点もある。まず，電子黒板は，黒板の代わりではない。黒板を使ったまとめや振り返りなどももちろん必要なので，それぞれを使い分けるような視点が大事になるだろう。また，単純に電子黒板に画像や動画を映し出すだけで学力が向上すると考えるのはナンセンスである。例えば，授業の導入で単に興味・関心を引き出すために電子黒板を使ったとしても，その使用が終われば，途端にやる気を失ってしまう学習者もいる。そのため，いかにそれらの映像と本時の学習内容とを結びつけるのかという工夫や使用のタイミング，発問などについても注意を払う必要がある。

　ICT は，魔法のツールではない。それを使う目的や意図について，きちんと考えた上で使用すべきである。これまで慣れ親しんだ授業のスタイルにいかに ICT を組み込んでいくのかは，これからの教師の大きな課題となるだろう。

■引用文献

新井邦二郎（2009）．教育評価　新井邦二郎・濱口佳和・佐藤　純（共著）　心理学の世界基礎編 6　教育心理学―学校での子どもの成長をめざして―（pp. 237-258）　培風館

Bransford, J. D., & Johnson, M. K. (1972). Contextual prerequisites for understanding: Some investigations of comprehension and recall. *Journal of Verbal Learning and Verbal Behavior, 11,* 717-726.

CAST（2011）. *Universal design for learning guidelines version 2.0.* Wakefield, MA: Author.

Deci, E. L., & Ryan, R. M. (2002). *Handbook of self-determination research.* New York: University of Rochester Press.

Hall, T. E., Meyer, A., & Rose, D. H. (2012). *Universal design for learning in the classroom: Practical applications.* New York: The Guilford Press.（バーンズ亀山静子（訳）（2018）．UDL 学びのユニバーサルデザイン―クラス全員の学びを変える授業アプローチ―　東洋館出版社）

市川伸一（2001）．学ぶ意欲の心理学　PHP 研究所

市川伸一・植阪友理（2016）．教えて考えさせる授業―深い学びとメタ認知を促すプラン―　図書文化

板倉聖宣（1974）．仮説実験授業―授業書ばねと力によるその具体化―　仮説社

Johnson, D. W., Johnson, R. T., & Smith, K. A. (1991). *Cooperative learning: Increasing college faculty instructional productivity*（ASHE-ERIC Higher Education Report, No. 4). Washington, DC: School of Education and Human Development, The George Washington University.

国立教育政策研究所（2016）．OECD 生徒の学習到達度調査― 2015 年調査国際結果の要約― https://www.nier.go.jp/kokusai/pisa/pdf/2015/03_result.pdf(2019 年 9 月 15 日)

教育情報化推進協議会（2009）．教員の ICT 活用指導力向上／研修テキスト 増補改訂版 http://www.t-ict.jp/07/download/03/f_12.pdf（2019 年 9 月 15 日）

文部科学省（2012）．新たな未来を築くための大学教育の質的転換に向けて―生涯学び続け，主体的に考える力を育成する大学へ―（答申） http://www.mext.go.jp/b_menu/shingi/chukyo/chukyo0/toushin/1325047.htm（2019 年 9 月 15 日）

文部科学省（2015）．授業がもっとよくなる電子黒板活用（電子黒板活用場面集） http://www.mext.go.jp/a_menu/shotou/zyouhou/detail/__icsFiles/afieldfile/2018/08/09/katsuyobamensyu.pdf（2019 年 9 月 15 日）

文部科学省（2016）．幼稚園，小学校，中学校，高等学校及び特別支援学校の学習指導要領等の改善及び必要な方策等について（答申） http://www.mext.go.jp/b_menu/shingi/chukyo/chukyo0/toushin/1380731.htm（2019 年 9 月 15 日）

村山　航（2003）．テスト形式が学習方略に与える影響　教育心理学研究，*51*, 1-12.

中澤　潤（2008）．経験がもたらす可能性―行動主義的アプローチ―　中澤　潤（編）よくわかる教育心理学（pp. 6-7）　ミネルヴァ書房

奈須正裕（2017）．「資質・能力」と学びのメカニズム　東洋館出版社

西林克彦（2006）．わかったつもり―読解力がつかない本当の原因―　光文社

西村多久磨・河村茂雄・櫻井茂男（2011）．自律的な学習動機づけとメタ認知的方略が学業成績を予測するプロセス―内発的な学習動機づけは学業成績を予測することができるのか？―　教育心理学研究，*59*, 77-87.

瀬尾美紀子（2016）．仲間との協同による学習　自己調整学習研究会（監修）　岡田　涼・中谷素之・伊藤崇達・塚野州一（編著）　自ら学び考える子どもを育てる教育の方法と技術（pp. 97-111）　北大路書房

篠ヶ谷圭太（2008）．予習が授業理解に与える影響とそのプロセスの検討―学習観の個人差に注目して　教育心理学研究，*56*, 256-267.

Snow, R. E., Tiffin, J., & Seibert, W. F. (1965). Individual differences and instructional film effects. *Journal of Educational Psychology, 56*, 315-326.

杉江修治（2011）．協同学習入門―基本の理解と 51 の工夫―　ナカニシヤ出版

湯澤正通・湯澤美紀（2017）．ワーキングメモリを生かす効果的な学習支援―学習困難な子どもの指導方法がわかる！―　学研

第10章 評価

　本章では，学習評価について，教育現場における評価，評価の活用，評価と
指導の関係，評価のポイントというテーマから取りあげ，紹介する。本章のね
らいは,学習評価という教育現場において欠かせない要素について知ることで，
読者が，意図をもった，かつ効果的な評価を行えるようになることである。

1. 教育現場における評価

　教育現場において，学習過程・結果に対する評価，すなわち学習評価は欠か
せないものとして日々の学校での教育活動に組み込まれている。学習評価では，
子どもの発言，動作（グループでの話し合い，実技，演奏，演技等含む），作品，
レポート，ノート，ワークシート，テストの記述等，一般的にイメージされや
すい「テスト」以外にもさまざまな情報が用いられる。それらの情報によって，
子どもの学習成果だけでなく，学習の過程が評価されるのである。

(1) 評価の時期による分類

　学習評価は実施時期によって，診断的評価，形成的評価，総括的評価という
3つに分類できる。各時期の評価は，学習／指導に活かすために，言葉かけの
ような口頭での言葉で表現されることもあれば，テスト成績のような記述で表
現されることもある。

(2) 評価の主体による分類

　学習評価は，教師が行うもの（教師評価）だけではない。子どもが自分自身
を評価したり（自己評価），子ども同士が互いを評価し合ったり（相互評価），

表 10-1　学習評価の時期と場所

	診断的評価	形成的評価	総括的評価
主な目的	・事前に子どもの状態を把握し，学習 / 指導に活かす	・学習途中の子どもの様子を把握して，進行中の学習 / 指導に活かす	・学習 / 指導の成果を知り，次回以降の学習 / 指導に活かす
内容	・学習内容についての子どもの既有知識，興味・関心，動機づけ等の準備状態を確認する。	・子どもの理解度，学習 / 指導の内容や，その結果を確認する。	・学習の最終的な成果を評価する。
授業	導入で実施 例：授業の冒頭で，前の授業の内容について教師が発問する。 例：授業の冒頭で，子どもの日常経験について発問する。	展開で実施 例：授業内で子どもの様子を教師が見とる。 例：授業内で子どもがお互いの意見に対して相互にコメントし合う。	まとめで実施 例：授業の最後に振り返りを実施し，学習内容を書いてまとめる。 例：授業の最後に小テストを実施して，結果を自己採点する。
単元 / 題材・学期・年間	学習前に実施 例：単元 / 題材の実施前に，内容への興味の度合いを調べる。 例：単元 / 題材の実施前に，自分の現時点での理解度を調べる。	学習中に実施 例：単元 / 題材の途中で，内容の理解度を小テストで確認する。 例：1 年間の探究活動の途中で，子どもが自分の到達度を確認する。	学習後に実施 例：期末テスト 例：学校行事が終わった後に，自己やグループ・クラス全体の達成度について話し合う。

　保護者や外部の専門家などから評価してもらう等，さまざまな場合がありうる。教師による評価に加えて，自己評価・相互評価・保護者や外部の専門家の評価を導入することにより，子どもの力を多面的に捉えやすくなる。子ども同士の相互評価で学級集団の関係性を強くすることや，保護者からの評価によって保護者と学校との関係性を強くするなど，評価による教育的な効果も期待できる。
　一方，教師以外による評価には注意すべき点もある。例えば，教師以外が評価を行うことにより，評価のやり方にばらつき・個人差が生まれる可能性がある。さらには，相手を傷つけるような表現で子ども同士が評価を行ってしまっ

たり，保護者が教育内容に対して誤解を持ってしまったりする危険性もある。これらが起きないように，評価の目的・意義・やり方を明確に教師から伝えたり，評価のやり方を工夫したりすることが重要である（例えば，ポジティブな面に注目して，励ますような表現を評価のときに使うよう子どもに指示するなど）。また，何を評価するのかを明確にすることも重要である。評価したい力が明確であることで，教師から評価の目的・意義・やり方を説明しやすくなるし，評価を実施する側も目指す目標がはっきりしていることで評価しやすくなる。また，評価の対象を明確にすることは，評価を設計・作成しやすくする良さももっている。

(3) 評価の対象と評価の規準・基準

　評価の対象を明確にするためには，学校教育で学力・身につけるべき力として扱われているものを知ることが欠かせない。例えば2017年・2018年改訂の学習指導要領では，「知識及び技能」「思考力，判断力，表現力等」「学びに向かう力，人間性等」（文部科学省，2017a，2017b，2018）という資質・能力として3つの柱が身につけるべき力として挙げられている。実際に学習評価を行う際は，これら3つの柱をさらに各教科等で具体化したものを評価することになる。

　前記の3つの柱に対応する形で，観点別学習状況評価の観点として，「知識・技能」「思考・判断・表現」「主体的に学習に取り組む態度」が挙げられている。これらの観点を反映された指導要録の例（文部科学省，2019b）を図10-1に示す。

　何らかの観点を設けて評価することは，絶対評価という枠組みに含まれる。学習評価は絶対評価，相対評価，個人内評価に分けられ，絶対評価は何らかの規準が外部にあり，そこから見て子どもの学習過程・成果を評価するものである。相対評価は，集団内での相対的な位置によって評価を行うもので，学力偏差値もこれに含まれる。どの集団内に含まれるかによって評価の結果が異なるという特徴をもっている（例：同じ子どもでも，どのクラスにいるかでクラス内の順位が変わる）。個人内評価は，個人のなかでの変化・成長や特徴について，個人内を規準に評価を行うもので，子ども一人ひとりの成長・特徴に特に着目

様式2（指導に関する記録）

児　童　氏　名	学　校　名	区分 学年	1	2	3	4	5	6
		学　級						
		整理番号						

各 教 科 の 学 習 の 記 録									特 別 の 教 科 　 道 徳	
教科	観　点 ＼ 学　年	1	2	3	4	5	6	学年	学習状況及び道徳性に係る成長の様子	
国語	知識・技能							1		
	思考・判断・表現									
	主体的に学習に取り組む態度							2		
	評定									
社会	知識・技能							3		
	思考・判断・表現									
	主体的に学習に取り組む態度							4		
	評定									
算数	知識・技能							5		
	思考・判断・表現									
	主体的に学習に取り組む態度							6		
	評定									
理科	知識・技能							外 国 語 活 動 の 記 録		
	思考・判断・表現							学年	知識・技能	思考・判断・表現 主体的に学習に取り組む態度
	主体的に学習に取り組む態度							3		
	評定									
生活	知識・技能							4		
	思考・判断・表現									
	主体的に学習に取り組む態度							総 合 的 な 学 習 の 時 間 の 記 録		
	評定							学年	学習活動　　観点　　評　価	
音楽	知識・技能							3		
	思考・判断・表現									
	主体的に学習に取り組む態度									
	評定							4		
図画工作	知識・技能									
	思考・判断・表現							5		
	主体的に学習に取り組む態度									
	評定									
家庭	知識・技能							6		
	思考・判断・表現									
	主体的に学習に取り組む態度									
	評定							特 別 活 動 の 記 録		
体育	知識・技能							内　容　観点 ＼ 学年 1 2 3 4 5 6		
	思考・判断・表現							学級活動		
	主体的に学習に取り組む態度									
	評定							児童会活動		
外国語	知識・技能							クラブ活動		
	思考・判断・表現									
	主体的に学習に取り組む態度							学校行事		
	評定									

図 10-1　小学校の指導要録の例（文部科学省，2019b）

したいときや，そもそも規準を外的に設けることが望ましくない場合に使われる（例えば，道徳教育における道徳性に係る成長の様子や，資質・能力における「人間性」など）。

　絶対評価を行うとき，評価規準（通称「ノリ準」）と評価基準（通称「モト準」）という二つの「キ準」に分けて設定することで，ぶれの少ない，一貫性のある安定した評価を行える。二つの「キ準」の使い分けは人によって異なることがあるが，評価規準は「学習目標を具体的に述べたもの」で，規準を設定した後に評価基準を「規準の達成度を測るものさし」として設定すると考えるとわかりやすい。評価基準の「ものさし」としてルーブリックが使われることがある。ルーブリックは達成度を記述によって段階で示したものである。例えば，家庭科の評価規準として「自分の食生活を振り返り，栄養素の種類と働きを理解したうえで，自分の食生活の工夫を挙げられるか」を設定した場合，ルーブリックは，表 10-2 のように設定できる。

表 10-2　「自分の食生活を振り返り，栄養素の種類と働きを理解した上で，自分の食生活の工夫を挙げられるか」という評価規準に対するルーブリックの例

A 十分満足できる	B おおむね満足	C 努力を要する
・自分の食生活を振り返り，栄養素の種類と働きを理解し，そこで得た知識を生かして，自分の食生活の工夫を挙げている。	自分の食生活を振り返り，栄養素の種類と働きを理解し，自分の食生活の工夫を挙げている。	・自分の食生活を振り返ったうえでの課題を挙げられていない。 ・栄養素の種類と働きを理解していない。

注）下線は強調のために追加。

　なお，前述のように学習評価には，形成的評価のような学習途中で行うものや，教師の即時的な子どもの状態の見とりも含まれるため，評価を行う機会は非常に多い。それらすべての学習評価において規準・基準を事前に明確に設定することは現実的に難しい。しかし，可能な範囲で，評価の方針や，規準・基準を明確にしておくことで，その場その場での場当たり的な対応や，一貫性に欠ける対応を避けやすくなり，教師の中や同僚の間での評価規準・基準の共有にもつながると考えられる。

　学校教育では，観点を設けて評価を行う「観点別評価」が採用されており，

これは前記の絶対評価に含まれる。学習指導要領の改訂を受け，前述の資質・能力の３つの柱に対応させた「知識・技能」「思考・判断・表現」「主体的に学習に取り組む態度」の３つが今後の観点別学習状況評価の観点として挙げられている。なお，「学びに向かう力，人間性等」のうち，「主体的に学習に取り組む態度」が観点別評価の対象とされている一方，その他の例えば感性，思いやりなどの人間性に関わる力は，観点別評価・評定になじまないとして個人内評価とすることが求められている。観点別評価の対象である「主体的に学習に取り組む態度」は，「①知識及び技能を獲得したり，思考力，判断力，表現力等を身に付けたりすることに向けた粘り強い取組を行おうとする側面」と「①の粘り強い取組を行うなかで，自らの学習を調整しようとする側面」という二つの側面から評価を行うことが求められている。一方，感性，思いやりなどに対する個人内評価については，「児童生徒一人一人のよい点や可能性，進歩の状況について評価するもの」とされている（文部科学省，2019a）。

　具体的に，資質・能力に関する学習評価がどのように行われているかについては，鄭ら（2018）の知見が参考になる（表 10-3, 10-4）。鄭ら（2018）では，2016 年時点の汎用的スキルの評価状況等について，小学校教員 500 名，中学校教員 400 名を対象にウェブ調査を行った。ここでの汎用的スキルは，前述の資質・能力の３つの柱では「思考・判断・表現」に対応しており，調査では批判的思考力からメタ認知力まで，７つに分類している。調査の結果，小学校・中学校における汎用的スキルを 2016 年時点で，どの教科で評価しているかの実態が得られた。なお，数値のばらつきを解釈する際は，評価しているという実態と，評価できる（可能性）／評価すべきである（信念）は別であることに留意すべきである。すなわち，各教科等における資質・能力の評価の可能性は数値以上に開いており，数値が低いことはその教科等において評価がしにくいことを必ずしも意味しておらず，むしろ学習評価の機会があると考えることができる。

(4) 評価の真正性

　「真正の評価」，すなわち「学習者に，仕事場や市民生活など現実世界の課題と類似した，本物らしさ（真正性）をもった課題に取り組ませる評価の方法」（松

表 10-3　小学校における汎用的スキルと現在，評価している教科の関係（鄭ら，2018 より一部省略）

(%)

	国語	社会	算数	理科	生活	音楽	図画工作	家庭	体育	道徳	外国語活動	総合学習	特別活動	していない
批判的思考力	50	38	29	28	5	2	1	1	2	16	0	22	12	17
問題解決力	28	34	66	49	10	1	2	2	9	7	1	43	15	6
協働する力	23	18	21	25	19	9	5	8	33	8	3	48	41	7
伝える力	82	39	51	33	14	5	4	1	4	10	11	43	14	5
先を見通す力	15	18	43	40	10	1	6	3	17	8	0	31	18	17
感性・表現・創造の力	24	4	7	6	12	71	80	9	15	3	2	15	7	7
メタ認知力	29	13	35	18	7	4	7	1	12	18	3	24	16	25

注）数値は評価していると回答した割合。

表 10-4　中学校における汎用的スキルと現在，評価している教科の関係（鄭ら，2018 より一部省略）

(%)

	国語	社会	数学	理科	音楽	美術	技術	家庭	保健体育	英語	道徳	総合学習	特別活動	していない
批判的思考力	26	25	14	12	2	3	3	1	2	4	23	24	17	27
問題解決力	14	20	30	27	3	3	5	2	5	9	15	42	25	12
協働する力	12	11	12	15	9	3	5	5	17	8	18	47	42	15
伝える力	42	22	19	19	7	5	3	1	3	24	18	39	24	12
先を見通す力	8	15	21	21	3	4	7	3	6	5	13	32	26	26
感性・表現・創造の力	15	4	5	5	46	51	16	12	11	6	7	21	14	20
メタ認知力	15	11	11	13	3	3	3	0	4	8	17	25	20	37

注）数値は評価していると回答した割合。

下，2012）という考え方がある。現実世界の中で活躍できる力を子どもに身に付けてもらいたい（「これからの学校には，（中略），一人一人の生徒が，（中略），豊かな人生を切り拓き，持続可能な社会の創り手となることができるようにすることが求められる」（文部科学省，2017b））という学習指導要領のねらいからも，評価自体に真正性を持たせることは重要と考えられる。

　この「真正の評価」という考え方から発展してきた評価として，パフォーマンス評価とポートフォリオ評価がある。

　パフォーマンス評価は，「ある特定の文脈のもとで，さまざまな知識や技能

などを用いながら行われる，学習者自身の作品や実演（パフォーマンス）を直接に評価する方法」（松下，2012）である。子どものパフォーマンスは一様ではなく多様なものがありえるため，評価を一貫させることが難しく，そのためパフォーマンス評価は前述のルーブリックやチェックリストの作成と併せて行われる場合が多い。教師はルーブリックを他の教師や子どもと共有することで，評価の一貫性を確保するだけでなく，評価の目的や目標とする力のイメージを共有できる。特に，子どもとそれらを共有することで，子どもの普段の学習に，評価がポジティブな影響を及ぼす効果も期待できる。

　ポートフォリオ評価は，子どもの作品を蓄積したり，学習活動を記録して蓄積したりしていくことでポートフォリオと呼ばれる資料を作成し，そのポートフォリオに基づき評価を行う方法である。学習の最終的な成果だけでなく，学習の過程の記録を綴じることができるため，学習過程の評価に向いている。

2. 評価の活用

　学習評価は単に行うだけでなく，それをどのように活用するかが重要である。評価の活用方法としては，まず，学習評価の結果を用いて，子どもの学習方法や教師の授業の仕方，指導方法を改善することができる，その他，学習評価の結果は，国の教育政策や，学校の運営，カリキュラムの改善にも活用されることがある。情報提供を行うという意味で，子どもや保護者に成績を知らせるという活用方法もある。さらには，子どもの処遇を決めるという意味で，入学試験・卒業試験等に活用されることもある。

　子どもが評価をどのように活用してくるかは，子どもの評価の受け取り方によって異なってくる。例えば，鈴木（2012）は，評価のうちテストに着目し，テストの実施目的・役割に対する学習者の認識を「テスト観」と名付け，「改善」「強制」「誘導」「比較」という4つの分類を得た（表10-5）。

　鈴木ら（2016）では，中学生を対象とした調査の結果から，① テストを学習改善のためのものとして捉えること（「改善」）で，自律的な学習への動機づけが増加すること，② テストを勉強へ強制させるものとして捉えることで自律的な学習への動機づけが低くなることが示されている。生徒が主体的に学習

を進めるためには，学習評価に対する生徒の捉え方，具体的には「学習改善のため」という目的を生徒がもっていることが重要であろう。

　なお，鈴木（2012）では，「評価の目的や基準に関して実施者と受け手との

表 10-5　テスト観（鈴木，2012 をもとに作成。項目は一部を抜粋）

テスト観	テスト観の測定項目例
改善	・テストは，自分がどれくらい理解できているかを確認するためのものだ ・テストは，自分の力を調べるためのものだ　（全 5 項目）
強制	・無理にでも勉強に向かわせるために，テストがある ・テストは，勉強を強制してやらせる側面が強い　（全 5 項目）
誘導	・テストは，自分に勉強する習慣をつけさせるためだ ・テストは，学習計画を立てるのに役立つものだ　（全 5 項目）
比較	・テストは，勉強のできる人とそうでない人を分けるためのものだ ・テストは，優れている人物を選び出すためのものだ　（全 3 項目）

図 10-2　OECD ラーニング・コンパス（学びの羅針盤）2030（OECD，2019）

間にしっかりとした知識の伝達・合意がある評価の状態」を指すインフォーム
ドアセスメント（村山，2006）について調査を行い，インフォームドアセスメ
ントの実施が子どもに「改善」を強く認識させるという結果を得た（実験紹介
参照）。説明の内容としては，① テスト実施の理由，② 各テスト問題のねらい，
③ 採点基準，④ テスト結果の利用方法，⑤ 各学習者の理解度が挙げられる。
上記より，教師は授業中やテスト返却時に，子どもとの間で学習評価について
しっかりとしたイメージを共有しておくことが重要である。

　なお，近年，OECD（2019）によって，現在から2030年ごろまでに子ども
に求められる力が検討されている。OECD（2019）の提案する枠組みはOECD
Learning Compass 2030 と呼ばれ，学習者がコンパスを持ち，より良い状態に
向かって他者と協働しながら歩んでいく比喩で，教育が語られている。そのな
かでは，見通し‐行動‐振り返りのサイクル（Anticipation-Action-Reflection
Cycle: AAR Cycle）を子ども自身がもち，責任感とともに主体的に活動する
力（生徒エージェンシー）が，これからの時代を子どもが活躍していく／生き
抜いていくために必要とされている。評価を振り返りとして捉えた場合，教師
だけでなく，子ども自身が評価を見通しや活動に活かしていくことが，今後子
どもたちが活躍していくために一層重要になってくると予想される（図10-2
のコンパスの外枠に見通し‐行動‐振り返りのサイクルが表現されている）。

3. 評価と指導の関係

　前記の「2. 評価の活用」と関連するが，学習評価は，一般的に目標，学習
／指導，評価の3つの柱の一部に位置づけられ，「学習目標が達成されたか」「学
習／指導の効果はあったのか」を確認する有効な手段である。学習評価の結果
をもとに，教師は目標や学習／指導を振り返り，授業改善を行うことができる。
例えば，学校教育においては，目標を子どもが達成したか，教師の手立てが本
当に効果的だったのかを検討するために評価が使われており，評価結果によっ
て目標が調整されたり，授業のやり方が修正されたりしている。この意味で，
目標・指導／学習・評価は，一体的，循環的な関係にあると言える。

　教師が授業改善を行う際，子どもの学習評価の結果とともに，日々の学習／

| 実験紹介 | インフォームドアセスメントがテスト観に与える影響の調査 |

鈴木（2012）

問題　この研究は，インフォームドアセスメントとテスト観の関連について検討を行った。関連を検討する際，テスト観への影響要因を，インフォームドアセスメントの集団レベルでの影響（学校としてどのような取り組みをしているかの影響）と，個人の認知レベルでの影響（取り組みを生徒がどのように認識しているか），テスト内容の影響（どのような問題が出されているか。実用性重視 or 暗記重視）などに切り分け，それぞれがテスト観に与える影響を検討した。

方法　2011 年に，中学 1 年生から高校生 2 年生までの 1,358 名（10 校）を対象に，質問紙調査を行った。調査はクラスごとに実施され，1,309 名が分析対象となった。分析の際はマルチレベル分析を行った。なお，テスト観は「改善」「誘導」「比較」「強制」の 4 つであった。

表　インフォームドアセスメントに関する取り組み尺度（鈴木，2012）

・どういうねらいでテスト問題を作っているのか説明してくれる
・なぜテストを実施するのかについて，納得できる理由を説明してくれる
・どのような基準でテストの点数をつけているのか説明してくれる
・評価（採点）基準がよくわかる形で，テストの結果を返却してくれる
・テストの結果を先生がどのように利用しているのか説明してくれる
・自分の理解度がよくわかるように，テストのフィードバックをしてくれる

結果と考察　インフォームドアセスメントを行っているという個人の認知が，「改善」「誘導」と関連をもっていた。この結果から，インフォームドアセスメントに関する取り組みを教師が行っていると感じている生徒ほど，学習改善やペースメーカーといった，テストの道具的な側面を強く認識していると考えられ，インフォームドアセスメントを実施する意義が示されたと考えられる。

　また，テスト内容が実用性重視なのか，もしくは暗記重視なのかが，テスト観と関連をもっていた。この結果から，生徒がテスト問題について，実用性が高いと感じていれば「改善」「誘導」を強く認識し，「比較」「強制」を弱く認識すると考察された（逆に，暗記重視だと生徒が感じることで，「改善」「誘導」の認識が弱まり，「比較」「強制」の認識が強まると考えられる）。

　集団レベルとしては，インフォームドアセスメントの取り組みと「改善」の間に正の関連，「強制」の間に負の関連が見られた。この結果から，インフォームドアセスメントに関する取り組みを行っている学校に所属している生徒ほど，「改善」の認識を持ちやすく，「強制」の認識を持ちにくい可能性が考えられ，学校としてインフォームドアセスメントに取り組むことの意義が考察された。

指導の様子が使われることがある。具体的には,「日付,課題,対処,結果」等のエピソードを記載したノート（日々の実践を書き込める）,座席表形式の記入用紙（一人ひとりの要素を書き込める）,板書の写真（日々の授業内容,子ども同士の議論した内容を記録できる）,学習指導案（公開研究授業などの外部公開の機会にわかりやすく授業のねらいを示せる）が,子どもの学習評価の結果とともに,授業改善の材料として使われることがある。

4. 評価のポイント

　評価という行為とその結果がもつ影響力は大きく,例えば同じ評価であっても,子どもや保護者を傷つけてしまうこともあれば,子どもを励まし,子どもの主体的な学習を促進することもある。そのため学習評価を行う際は,次の「安全性」,「妥当性」,「コスト」といった留意点をもとに適切に実施することが望ましい。

(1) 安全性の高さ

　安全性の観点から,学習評価によって子どもを傷つけないという点が重要である。例えば,学習評価の結果を記述や口頭で伝える場合の注意点として,永田ら（2019）は道徳科の評価記述の場合に,「マイナス面の記述」,「人権的な配慮」などを課題として挙げ,「子どもの障害,ジェンダー（社会的な性）,身体特徴,得意不得意などで固定的な見方をしていないか」,「不必要に個人の情報を明かしていないか」などへの配慮を例として示している。

(2) 妥当性の高さ

　心理学には妥当性・信頼性という概念があり,学習指導要領においても,学習評価の充実のためとして「創意工夫の中で学習評価の妥当性や信頼性が高められるよう,組織的かつ計画的な取組を推進するとともに,（後略）」（文部科学省,2017a）と配慮が述べられている（下線は筆者が強調のため追加）。

　「測定したいものをどれだけ測定できているか」の程度は,妥当性と呼ばれ,妥当性が高いほど測定したい内容をきちんと測定していると言える。評価の妥

当性を高めるには，まず，そもそも何を評価したいのか（評価の対象）を明確にしたり，同僚や他の専門家に評価形式・内容をチェックしてもらい，漏れや抜けをなくし，内容の一貫性を高めるという工夫がある。また，偶然や時期の影響を評価が受けにくくなるよう評価の実施環境・時期に配慮したり，評価を児童生徒にとってわかりやすくしたり（例．発達段階を踏まえた漢字，表現の言い回しにする），複数の評価を組み合わせたりといった工夫も挙げられる。複数の評価の組み合わせについては，例えば，子どもの書く力を評価したい場合，「説明文を実際に書く（技能）」と「説明文を書くときに大切なことを挙げる（知識）」を組み合わせて評価することで，書く力という評価対象を漏れや抜けなくカバーできる。

(3) コストの低さ

　学習評価の実施と改善（手直し）には，労力と時間がかかるため，コストの観点も評価を考える際に重要である。学習評価の実施と改善の際には，その実施・改善のコストに見合う効果が得られるのか，意義があるのかについて検討すべきである。もちろん，評価を行う前段階では，コストと意義は大まかにしか把握できない。しかし，学校における働き方改革（文部科学省，2019c）を進めるにあたり，教師が教材研究を行ったり，自らの専門性を高めたり，子どもたちに関わったりする時間を多く確保するためには，欠かせない観点である。教師・子どもが継続的・安定的に教育に関わるため，すなわち「持続可能な教育」（筆者の造語）を実現するためには，今後より一層重要な観点と考えられる。

5. ま と め

　本章では，学習評価について，評価の概要を分類・活用方法・評価と指導の関係・評価のポイントというテーマから取り上げてきた。子どもに求められる力や学校教育での目標の変遷とともに，評価の形は時代とともに移り変わっていくが，本章で紹介した評価を行う際に大切な原則，ポイントを踏まえて，今後の教育改革，学習評価の変化に対応していくことが重要である。

■引用文献

松下佳代（2012）．パフォーマンス評価による学習の質の評価：学習評価の構図の分析に
　　もとづいて　京都大学高等教育研究，*18*，75-114.

文部科学省（2017a）．小学校学習指導要領（平成 29 年告示）

文部科学省（2017b）．中学校学習指導要領（平成 29 年告示）

文部科学省（2018）．高等学校学習指導要領（平成 30 年告示）

文部科学省（2019a）．中央教育審議会初等中等教育分科会教育課程部会　「児童生徒の学
　　習評価の在り方について（報告）」　http://www.mext.go.jp/b_menu/shingi/chukyo/
　　chukyo3/004/gaiyou/1412933.htm

文部科学省（2019b）．小学校，中学校，高等学校及び特別支援学校等における児童生徒
　　の学習評価及び指導要録の改善等について（通知）（平成 31 年 3 月 29 日）参考一覧
　　指導要録（参考様式）　小学校指導要録（参考様式）http://www.mext.go.jp/b_
　　menu/hakusho/nc/attach/1415204.htm

文部科学省（2019c）．学校における働き方改革について　http://www.mext.go.jp/a_
　　menu/shotou/hatarakikata/index.htm

村山　航（2006）．テストへの適応―教育実践上の問題点と解決のための視点―　教育心
　　理学研究，*54*(2)，265-279.

永田繁雄・松尾直博・布施　梓・元　笑予（2019）．「道徳科」の評価の考え方と用いる
　　表現　関口貴裕・岸　学・杉森伸吉（編）　学校教育ではぐくむ資質・能力を評価す
　　る（p. 84-103）　図書文化社

OECD（2019）．The OECD Learning Compass 2030　https://www.oecd.org/education/
　　2030-project/teaching-and-learning/learning/

鈴木雅之（2012）．教師のテスト運用方法と学習者のテスト観の関連―インフォームドア
　　セスメントとテスト内容に着目して―　教育心理学研究，*60*(3)，272-284.

鈴木雅之・西村多久磨・孫　媛（2016）．中学生の学習動機づけの変化とテスト観の関係
　　教育心理学研究，*63*(4)，372-385.

鄭　谷心・関口貴裕・宮澤芳光（2018）．初等中等教育における汎用的スキルの評価の現
　　状と課題―現職教員に対する調査の分析と考察から―　日本教育大学協会研究年報，
　　36，107-120.

第11章　学級経営・学級集団

　日本の学校では，多くの活動が学級集団を基盤として進められている。例え
ば，学校の主たる活動である授業は，クラスやグループをはじめとした集団を
中心に行われる。また，日本の学校においては授業のみならず，学校行事や委
員会，生徒会をはじめとした特別活動も行われており，こうした活動はクラス
や縦割り集団といった集団活動を通して行うことが原則とされる。そのため，
授業や学校行事といった教育活動を成立させるためには，クラスをはじめとし
たさまざまな集団をいかに運営するかという学級経営の視点を欠かすことがで
きない。同じ授業であったとしても，学級経営がうまくいっているときと，そ
うでないときとでは，その教育的効果の大きさが異なってくる。そこで本章で
は，集団内の児童生徒に教師がどういった影響を及ぼすのか，児童生徒間にど
ういった集団ダイナミズムが働くのかといった集団に関わる心理学的な知識を
紹介し，そこからいかに教師が集団において振る舞うべきか考えを深めていく。

1.　エビデンスに見る教師のあるべき姿

　心理学の知見から見たとき，教師はどのような形で児童生徒に影響を与えて
いると考えられるだろうか。また，教師は，どのように児童生徒に関与するこ
とが有用なのだろうか。本節では，上記の問を考えるにあたり，教師期待効果
と教師のリーダーシップに関する心理学的知見を紹介する。

(1) 教師期待効果

　教師がクラスの児童生徒に期待をかけることは重要である。しかし実は，こ
うした児童生徒に対する教師の期待が，その児童生徒のその後の学習成果まで

をも予測することが知られている。この現象は，教師期待効果，あるいはピグマリオン効果と呼ばれている（実験紹介 A 参照）。

実験紹介 A　　教師期待効果に関わる研究
Rosenthal & Jacobson（1968）

　教師期待効果を提唱したローゼンタールとジェイコブソン（Rosenthal & Jacobson, 1968）の研究では，教師の期待が児童の学業成績に及ぼす影響について検討を行うため，以下の手続きによる実験を行った。

　方法　公立小学校において「今後，成長すると見込まれる者」を選ぶための試験を実施した。その試験後，研究者は教師に「今後，成長すると見込まれる者」を伝え，教師に暗に期待をもたせた。だが，その研究には仕掛けがあった。「今後，成長すると見込まれる者」は研究者がランダムに選んだ子どもだったのである。そのため，選ばれた子どもには能力の差はなかった。

　結果　このような状況にもかかわらず，学年末には，教師に期待をかけられた児童（実験群 65 名）のほうが，そうでない児童（統制群 255 名）よりも IQ で大きな伸びを見せた。また，図の結果を見ると，期待をかけられた児童（実験群）とそうでなかった児童（統制群）との間に大きな差が見られたのは，小学校 1 年生と 2 年生であり，他学年については，大きな差ではなかったことがわかる。

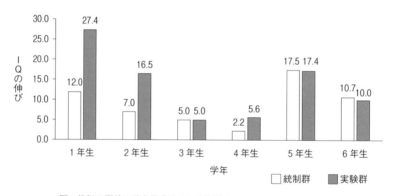

図　教師の期待に伴う児童の IQ の伸び （Rosenthal & Jacobson, 1968）

　考察　この結果から，教師の期待が特に低学年において学力の伸びにつながることが示唆された。なお低学年において特に変化が見られた点については，低学年のほうが IQ が変化しやすいから，子どもに対する教師の評価が確立していないから……といった可能性を複数挙げ，その後の研究の発展につなげている。

　なぜ教師が期待すると，実際に教師の期待した通りに能力の伸びが生じるのだろうか。研究では，教師の期待によって子どもの扱いが異なることが示されている（Brophy & Good, 1974）。例えば教師は，あまり期待していない子どもよりも，期待をかけた子どもに対して多くの注意を向けるという。また，子どもが問題を間違えてしまった場合にも，期待をかけた子どものほうに，ヒントを与える等の援助をより多く行い，あまり期待していない子どもには，すぐに正答を与えたり他の子どもを指名してしまったりすることも報告されている。こうした教師の行動は「自分は先生に期待をかけられているかもしれない」と子ども自身に認識させ，さらに高いモチベーションや興味をもって学校の課題に取り組むことにつながる。そして，こうした良い変化を教師が認識すると，教師は「自分の期待は正しかった」と認識し，さらに，このサイクルが強化されるのだと考えられている。

　もっとも，その後の研究では，この結果が再現されないケースも報告されており，その効果の大きさやメカニズムに関しては，いまだ研究が積み重ねられているところである。だが，その一方で，もともと学業があまり得意でない児童生徒や，偏見をもたれやすい民族や人種の児童生徒に対しては，一定の教師期待効果がみられることも報告されている（Jussim & Harber, 2005）。

　こうした知見から，教師の仕事の1つは，一般的に見て期待しがたい児童生徒を含め，一人ひとりの良さを見取り，たとえ小さなことであっても，その子どもに期待をかけ成功の機会を与えることと言えるのではないだろうか。

(2) 教師のリーダーシップ

　教師の児童生徒に対する関わり方や振る舞いは，心理学の研究では，教師の「リーダーシップ」という言葉で研究がなされてきた。それでは，教師のどういったリーダーシップが効果的であると言われているのだろうか。

1) リピットとホワイトの研究

　リーダーシップに関する有名な古典的研究に，リピットとホワイトの研究がある（Lippitt & White, 1958）。この研究では，大人の発揮するリーダーシップの種類によって，子どもの課題への取り組み方や他者との関わり方といった集団の雰囲気が変わることが示唆されている。

　この研究では，まず10歳の少年たちを，対人関係や知能や体格，経済状況，性格といった面で等質になるよう配慮したうえで，5人グループに分け，放課後に演劇の仮面を作る活動を行わせた。その際，作業は，大人の指導のもとで行われ，6週間ごとに指導担当者と経験する指導の種類の両方が変わるようになっていた。

　指導の種類は，専制型（Authoritarian），民主型（Democratic），放任型（Laissez-faire）という3種類のリーダーシップに分かれていた（表11-1）。専制型では，指導者が中心となって集団の方針を決定し，作業や分担を細かく指示したうえで，指導者の主観に基づき，少年たちへの称賛や批判が行われた。一方，民主型では，すべての方針を少年たちが話合いで決定し，活動の見通し

表 11-1　リーダーシップの各型の特徴（Lippitt & White, 1958 に基づき作成）

	専制型	民主型	放任型
方針の立て方	すべての方針を指導者が決定した。	すべての方針をグループで話し合い決定した。指導者は激励と援助を与える役であった。	すべて放任で，グループ任せにされた。そのため指導者の参加は最小限であった。
作業の内容	活動の手順や技術については，その都度，指導者の権限で命令された。そのため，作業の見通しは，常に，かなり不明瞭であった。	話し合いの時間のなかで活動の見通しが得られた。目標に達するための大まかな手順が立てられ，技術的な助言が必要な場合には，指導者が2つ以上の案を提示して，そのなかから選択できるようにした。	さまざまな材料を指導者が提供した。また，求められれば，情報を与えることも明らかにしてあった。しかし，作業に関わる話し合いに，上記以外の役割を果たすことはなかった。
作業の分担	個々の作業上の課題は指導者が命令し，誰と作業をするのかも指導者が決めた。	誰と作業を行っても良く，作業の分担の仕方はグループに任された。	指導者は，作業にまったく参加しなかった。
称賛や批判の仕方	指導者が「個人的主観」に基づいて各メンバーの作業に対する称賛や批判を行った。実演してみせるとき以外には，作業に積極的に参加しないようにしていた。	指導者が「客観的」で「事実に基づき」称賛や批判を行った。そして，作業に過剰に関与しないようにしながらも，気持ちのうえでは，自分もグループの一員であるよう努めた。	指導者は，質問されない限り，メンバーの活動に対して自発的にコメントをすることはほとんどなかった。また，一連の作業を評価したり，調整しないよう努めた。

を共有したうえで作業を行った。その際，指導者は過剰に関与しないように気をつけながら，少年たちの決定を激励したり助言をしたりしていた。助言を行う際にも選択肢を示すようにして，少年たちが決定する余地を残しており，称賛や批判も事実に基づいた形で行われた。放任型では，民主型と同様，活動は少年たちに任されていたものの，指導者は材料を提供する以外，質問されない限り，少年たちにほとんど関与しなかった。

　各指導のもとでの少年グループの様子を分析した結果，以下のことが明らかとなった。まず，専制型に関しては，少年の反応が二分され，指導者に対して服従的であったグループ（以下，服従的反応の専制型）と攻撃的な反応を示したグループ（以下，攻撃的反応の専制型）に分かれた。

　次に，少年グループが取り組んだ仕事の質について比較すると，建設的な活動に専念したり作業に没頭したりした時間の割合は，服従的反応の専制型が74％ともっとも高く，民主型と攻撃的反応の専制型は50％程度で，放任型は33％に留まった。放任型では，指導者の積極的な指導がなかったため，失敗や挫折も多く，少年たちのモチベーションは削がれ，イライラしていた。そのため，放任型では，配慮のない攻撃的な発言が多く見られ，ふざける行動も多かった。

　専制型と民主型の違いは，作業に対する関心に見られた。その様子は指導者の不在時に現れた。民主型のグループは，指導者がいなくなっても，作業に専念した時間の割合が，指導者がいるときとさほど変わらなかった。その一方で，専制型のグループは，服従的反応の専制型と攻撃的反応の専制型のいずれも，指導者不在時の作業への専念時間の割合が，指導者がいるときと比べて約40％も下がる傾向にあった。専制型のグループは，指導者がいなくなると作業を中止したからである。ここから，作業に対する関心は，専制型よりも民主型のほうが高かったことがわかる。

　自律性にも違いが見られた。専制型のグループは，服従的反応の専制型と攻撃的反応の専制型のいずれも，指導者への依存が大きく，「これでいいですか」と指導者の意思を確認する発言が多かった。特に服従的反応の専制型は抑圧的で，提案を行ったり注意をひこうとしたりする行為が少なかった。一方，民主型のグループは「私たちにはそれが必要だ」といった「私たち（We）」を主語

にした集団意識を感じる発言が多く，創造的で友好的な様子であった。

　この研究から，教師がどういった指導，すなわち，リーダーシップを発揮するかによって児童生徒の様子が異なることがわかる。教師主導で専制的な指導を行うことは，作業の効率をあげる意味では効果的であるものの，関心を育むまでには至らない。そのため，専制型の指導の場合には，教室外に学びを広げ，児童生徒の力をつけることが難しいと推察される。また，専制型の指導を行うと教師が児童生徒から大きな反抗を受ける可能性もある。関心を育み，自律的で創造的，友好的な児童生徒を育てるためには，民主型の指導者が行っていたように，児童生徒で話し合う時間をとり，今後の見通しを立てさせ，児童生徒が自己決定できる機会を与えることが重要と言える。

　この研究でもう1つ注目すべきは，上記の指導の型は，指導者の性格によって決まるものではなく，意識し訓練すれば変えることができるという点である。実のところ，この研究で少年グループを指導した大人は，どの種類の指導であってもできるよう事前に訓練されていた。そのため，民主型のリーダーシップを発揮しやすい性格の大人が，すべての少年グループに民主型の指導を行ったわけではなく，同一の大人が，あるグループには民主型の指導を行い，別のグループには専制型の指導を行う……といったことが行われていた。こうした状況にもかかわらず，指導者の指導が異なれば，少年グループもそれにともない，異なる反応を示したのである。

　このように教師の指導の型は，意識し訓練すれば変えることができ，それに応じて児童生徒の様子も変わってくる。教師が各種類の指導行動の特徴を深く理解し，今の自分の指導は，どの型にあてはまるのか，今の自分にはどういった行動が必要であるかを省察することが重要と言えるだろう。

2）PM理論

　リーダーシップに関してはPM理論という理論もある。これは三隅・田崎（1965）の提唱した理論で，リーダーシップを目標達成機能（P）と集団維持機能（M）の2つの軸で捉えている点に特徴がある。三隅ら（1977）によれば，目標達成機能（P：Performance）に関わる行動とは，児童生徒の学習を促進したり，生活指導に関して課題解決を促進し，話し合いなどの討議が有効かつ効率的に行われるようにしたりする教師のリーダーシップ行動である。一方，

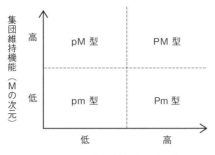

図 11-1　PM 理論の類型（三隅・田崎，1965 を参考に作成）
PM 型：目標達成の力があり，集団をまとめる力もある
pM 型：目標達成の力は弱いが，集団をまとめる力がある
Pm 型：目標達成の力はあるが，集団をまとめる力がない
pm 型：目標達成の力が弱く，集団をまとめる力もない

集団維持機能（M：Maintenance）に関わる行動とは，児童生徒に対して配慮をなし，公平に児童生徒に対処して，不必要な緊張をさけ，児童生徒の緊張解消に努める行動である。

　リーダーシップの型は，MとP各軸の強弱によって4種類に分けられ，その特性が高い場合に大文字，その特性が低い場合に小文字で表されることが多い（図 11-1）。この理論は，教師はもちろん，企業や行政のような職場など，さまざまな場面に適用可能であることが示されている。

　教師の PM 指導類型のうち，もっとも指導の効果があるのは，PM 型であることが多い。研究では，クラスの連帯性や学習意欲，規律遵守といった点を測定したところ，PM 型，pM 型，Pm 型，pm 型の順に高いことが報告されている（三隅ら，1977；三隅・矢守，1989）。

　こうした指導類型は，日常的な指導場面の価値観にも反映されると考えられる。例えば，運動会でクラス対抗の大縄跳びが行われたとしよう。クラスには大縄跳びが苦手な児童生徒もいる。それでは，もしあなたが担任教師だったとしたら，どのように大縄跳びの指導を行うだろうか。もしあなたが運動会で1位を目指すことをクラスに強く求め，朝も休み時間も，練習に練習を重ね，厳しい指導をしているならば，それは Pm 型のリーダーシップを発揮していると

いうことになるだろう。一方，大縄跳びを通して，クラスの仲が深まることを重視しようと強くクラスに働きかけ，「1位がとれなくてもよいよ」といった言葉をかける場合はpM型のリーダーシップを発揮しているということになるのだろう。

　Pm型でP型が強いということは，目標を達成しやすくなる反面，時に，大縄跳びが苦手な児童生徒にストレスを与え，その児童生徒をクラスの子が「あの子がいなければうまくいくのに」といった形で排斥したり攻撃したりする可能性を生む。これは，いじめや不登校につながる危険性もはらんでいる。一方，pM型でM型が強い教師のもとでは，クラスの居心地は良い反面，運動会で1位をとるといった目標がなく，運動会が終わった後も，大きな達成を感じにくい。そのため，縄跳びを跳べるよう工夫する力や話し合いをする力といった教育的な成果がさほど得られない可能性がある。

　それでは，P型もM型も高いPM型の教師は，どのような指導を行うと考えられるだろうか。PM型の教師は，1位を目指して練習を重ねさせながらも，同時に，クラスの仲を深める手腕をもった教師である。ここから，PM型の教師はPm型と同様，大縄跳びの練習は重ねるのだが，その過程で，どのようにしたら大縄跳びを，苦手な子も含めて，うまく跳べるかの工夫をクラス全員で考えたり，苦手な子を得意な子が非難するのではなく，助けたり励ますように促すのだろう。PM型の教師のもとでは，大縄跳びで1位をとることを目指しながらも，最終的には，たとえ1位になれなかったとしても，そのプロセスで得た学びやクラスで助け合ったという満足感が残るのだと考えられる。

　このように各学校の場面で，それぞれのリーダーシップを発揮する教師がとる行動を想像することが，PM理論を現場で活きた知とするうえで重要なのではないだろうか。

2.　成果をあげる学級集団の作り方

　教師の指導が重要である一方で，クラスの良好な関係を築くことも重要である。教師は四六時中，教室で指導ができるわけではない。そのため，教師のいない状況でも児童生徒が良好な関係を保ち，安心して学校生活を送り，学びを

深められるよう環境を整えることは重要である。それでは，どのようにすれば
こうした学級集団を形成することができるのだろうか。

(1) 学級集団の特徴の把握

　学級づくりを行ううえでは，まず，教師が教室の子ども同士の関係性を正確
に見取ることが重要と考えられる。そこで本節では，集団の人間関係を把握す
る古典的な心理学的手法として，ソシオメトリック・テストとゲス・フー・テ
ストを紹介する。

1) ソシオメトリック・テスト

　集団の特徴を測定する心理学的な方法として，代表的なものにソシオメト
リック・テストがある。ソシオメトリック・テスト（Sociometric test）とは，
モレノ（Moreno, 1934）が考案した集団内の関係性を知る手法で，児童生徒の
好き嫌いの感情を問うことで集団内の人間関係を把握するものである。具体的
には，「遠足で一緒のグループになりたい人」，「遠足で一緒のグループになり
たくない人」といったような形でクラスメイトの名前を挙げさせ，クラスで「選
択」される人と「排除」される人が誰であるかを調べる。結果は，ソシオマト
リックスと呼ばれる表を作成して整理を行う。結果を図にしてクラスの関係性
を視覚的に示し，直感的な把握を可能にする方法もあり，その図をソシオグラ
ムと呼ぶ。架空のソシオメトリック・テストの結果と，ソシオマトリックスな
らびにソシオグラムの例を示したのが図 11-2 である。

　ソシオマトリックスの結果から，集団内で人気のある子どもや拒否されてい
る子どもが誰であるかを知ることもできる。研究では統計的な手続きを用いて，
こうした子どもの分類がなされるが，図 11-2 の例で言うと，人気のある子ど
もは A，拒否されている子どもは F と考えられるだろう。これまでの研究で
は（Asher & Coie, 1990），人気のある子どもは協力的で思いやりがあり，リー
ダーになりやすいこと，拒否されている子どもは攻撃性が高いことが示されて
いる。拒否されている子どもは，その後，不安や抑うつにさいなまれ，不適応
に陥る傾向にあることも報告されている。

　このような知見を踏まえると，クラスに拒否されていると考えられる子ども
が見られる場合には支援が必要である。拒否されている子どもに対する支援と

架空のソシオメトリック・テストの回答

A の回答

一緒のグループになりたい人
B と C

一緒のグループになりたくない人
D

B の回答

一緒のグループになりたい人
A と C

一緒のグループになりたくない人
F

・・・

※ クラスで行った場合，
人数分の回答を集計

ソシオマトリックスの例

選択者〈回答した人〉

被選択者〈回答で選ばれた人〉	A	B	C	D	E	F	被選択数	被排斥数
A		○	○	○		○	4	0
B	○		○		○	×	3	1
C	○	○					2	0
D	×		×		○	○	2	2
E				○			1	0
F		×		×	×		0	3

ソシオグラムの例

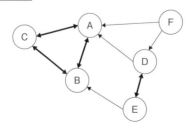

図 11-2　架空のソシオメトリック・テストの結果とソシオマトリックス，ソシオグラムの例

しては，その子ども個人の対人関係に関わるスキルをあげる支援の他，クラス
内の関係を良好にできるよう，拒否されている子どもを受容するクラスの雰囲
気をつくることが重要と言われている（Mikami et al., 2010）。

2）ゲス・フー・テスト

　ソシオメトリック・テストに類似した手法として，ゲス・フー・テスト（Guess
who technique）という方法もある。この方法は Guess who（誰だと思うか当
てる）という手法の名の通り，「クラスの中で○○な人は誰ですか」と質問し，
指名するよう求める方法である。「○○な人」の中には「恥ずかしがりやな人」，
「よくケンカする人」，「親切な人」，「人気者」，「みんなを引っ張ってくれる人」
といった言葉が入る。こうした方法を用いた結果は，時に教師の認識と異なる
場合があり，教室内の子どもたちが互いをどのように認識しているのかの実態
を，より客観的な形で知ることができる利点がある。

　無論，ソシオメトリック・テストも含め，こうしたテストの実施が行われる
ことで，クラスの児童生徒の関係性に影響が及ぶ可能性も否定できない。特に
否定的な面が誰かを想起させることは，教室内の不安を喚起する可能性がある。
そのため，実施の際には，慎重を期して肯定的な面のみを尋ねるといった工夫
を行う場合も見られる。

(2) 集団の個人に対する影響

　学級づくりを行ううえでは，集団が個人に対してどのような影響を与えるの
かという集団ダイナミズムを教師が理解することも重要である。集団ダイナミ
ズムを理解することは，教室内での児童生徒の行動を理解したり，さまざまな
指導が児童生徒に与える影響を予測したりするうえで有用である。

1）集団規範

　集団ダイナミズムを理解するうえで知っておくべき概念の1つに集団規範が
ある。集団規範とは，法による強制力はないものの，集団の構成員に理解され
ているルールや基準と定義される（Cialdini & Trost, 1998）。より平易な言葉
では，校則のように集団で定められたルールや集団内に見られる暗黙の決まり
事のことを言う。例えば，給食の時間に，配膳台の前に列をなして，子どもた
ちが給食のおかずを受け取り，「いただきます」の号令があるまで食べるのを

待っている光景は日本で馴染みのものだろう。これは，「給食をとるときには
列をなして，自分のおかずが配られるまで待つこと」，「いただきますの合図が
あるまで給食を食べ始めないこと」といった集団規範が共有されているからこ
そ見られる光景である。こうした集団規範が確立されていなければ，お腹の空
いた子どもが，他の子を押し分けておかずをたくさん取っていってしまい，喧
嘩が勃発したり，給食を十分に食べられない子どもが出てくる可能性がある。
当たり前のように思える光景も，実は，集団内の規範を児童生徒が守っている
からこそ見られるのである。

　優れた教師は，クラスの集団規範に影響を与える存在といわれる（Harris,
1998 石田訳 2017）。そして，集団規範は児童生徒の協力を促すうえで必要不
可欠である。クラスの集団規範を形成することで，個別指導にあっては，なか
なか規範に沿えない子どもも，行動変容が見込める場合がある。

　無論，集団規範は教師にとって必ずしも望ましいものとは限らない。児童生
徒の相互作用の中で「教室で手を挙げることはカッコ悪い」といった暗黙の規
範が形成され，授業での児童生徒の協力が得られずに教師が困ってしまう場合
もある。研究では，教師が学級目標の標語を用いながら，子どもとのやり取り
の中で規範を定着させていくプロセスが示されており（岸野・無藤，2009），
単なるルールではなく集団規範として理想の状態を定着させることが重要であ
る。

　教師が，日ごろ，児童生徒と密な関係を築くなかで，どのような集団規範が教
室で形成されつつあるのかを察知し，いかに実態に応じた集団規範を形成して
いくかは，クラスの雰囲気や協力関係を築くうえで非常に重要な視点なのであ
る。

2）同　　調

　集団規範を形成することが重要である一方で，集団規範が強すぎる状態にな
いかどうかについても，留意が必要である。この点に関わる概念の1つに，同
調という概念がある。同調とは，集団圧力により，集団の意見や評価に対して，
自身の意見や評価を合わせる傾向のことをいう。心理学では，アッシュ（Asch,
1951, 1956）の線分を用いた実験で，この現象が検討されている（実験紹介 B）。
同調する傾向は，欧米のような個人主義的な文化よりも日本のような集団主義

的な文化で強く見られることが知られており（Bond & Smith, 1996），日本の学級集団においても，多く見られる可能性がある。

　集団規範が強すぎる場合には，その規範に沿わないメンバーに対して，同調するよう圧力がかかり，他の集団メンバーから攻撃される場合がある。こうした攻撃性は，仲間外れやいじめにつながる危険性をはらんでいる。教師が，教室の集団規範を形成しながら，同時に，集団規範に沿わないメンバーも含めて共生できるよう配慮を行ったり，「クラスの人を仲間外れにしてはならない」「優しくする」といった思いやりに関する集団規範を形成したりすることが必要である。

実験紹介 B　アッシュの線分実験
Asch（1956）

　アッシュは，集団が個人に及ぼす影響に関心を寄せ，どういった状況で個人は集団に同調するのか，また，どういった状況で個人は集団から自立して行動するのかを線分を用いた実験により検討した。ここでは，アッシュの研究（Asch, 1956）の一部の結果を紹介する。

　方法　この実験では白人の男子大学生 8-10 名グループを対象に，線分の長さを比較し，順番に答えを言っていくよう求めた。例えば，図 1 の例が課題として出されたとしたら，基準線と同じ答えになるのは C であろう。実験では，こうしたさまざまな線分の長さの課題を 18 問提示した。これらの課題は，一人で解いた場合には，ほとんどの人が全問正解する簡単なものであった。

 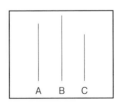

基準線　　　　　　　　　　　A　B　C

図1　実験課題の例

　だが，実験には仕掛けがあり，実は実験に参加していた大学生グループは 1 名を除き全員が実験補助者（サクラ）で構成されており，各グループにおいて実験参加者は 1 名しかいなかった。さらには 18 回中 12 回の課題で，実験補助者（サクラ）全員が誤った解答を行うように仕掛けられており，真の実験参加者は最後に答えを

言うことになっていた。そのため，実験参加者は，自分以外のグループの人が全員
同じ（誤った）答えを述べていくなか，他の者の答えに自分も合わせるのか，それ
とも，たとえ自分1人であったとしても自分の答えを貫くのか，という判断を迫ら
れた。このような実験を123名の実験参加者を対象に行った。

　結果　研究結果の一部を示した図が図2である。この結果から，12回の本試行で，
少なくとも1回以上，同調した実験参加者は76.4%にのぼることがわかった。同調
した試行数の平均は，4.41回と全体の3分の1程度であった。

　考察　この結果から，単独で行えば全正解する課題であったとしても，集団の圧
力を受けると，全体の4分の3が集団に同調する傾向にあり，同調する選択を行う
確率は3分の1であることが示唆された。

　ただし結果の見方を変えれば，この結果は一度も同調せず，集団から自立して行
動した者も，4分の1はいたことを示している。同調と集団からの自立，その双方
のメカニズムに迫り研究を展開していくことの重要性をこの研究は示唆している。

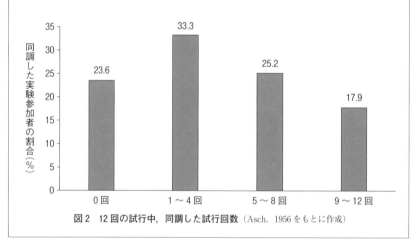

図2　12回の試行中，同調した試行回数 （Asch, 1956をもとに作成）

(3) 成果をあげる学級集団の作り方

　学級づくりに関わる研究に学級経営の研究がある。学級経営とは，広い意味
で児童生徒の成果をあげる環境を形成することを言い，授業や普段の生活を円
滑に進めるうえで不可欠である。

　学級経営に関わる研究では，学級経営を，問題が勃発してから対処的に行う
のではなく，問題が勃発する前に予防的に行うことが重要であると知られてい
る（Emmer & Stough, 2001）。例えば，新人教師とベテラン教師の学級経営を
比較した研究では，ベテラン教師の方が，クラスの決まり事や望ましい行動の

ガイドラインを示し，クラス内での活動を習慣化することに多くの時間や配慮を行うことが示されている。こうした行動は，クラスに秩序をもたらし，児童生徒が見通しを立てて安心して学べる環境形成につながる。最初の数週間のうちに，クラスの中で望ましい行動を児童生徒が学べる活動を取り入れ，成功体験を多く与えることが，良い学級経営を行ううえで重要であると言われている。

　学級崩壊やいじめといった深刻なクラスの問題も，最初は，少人数のおしゃべりやからかいといった一見するとささいなものから始まっていることが多い。問題となる行動は，その行動が問題として確立する前の段階で，予防・修正を行うことが肝要なのである。

　ここから，学級経営は年度の初め（4月）がもっとも重要な勝負の時期になると言える。初期の学級経営で望ましい行動を確立できれば，その後も，年度初めに立てた目標や理想像に立ち返らせる指導が可能となる。年度初めには，クラスの目標を子どもと一緒に考え，それに関わる学級旗や学級歌をつくるといった学級活動を行う実践が見られるが，こうした実践は，クラスに対する所属意識を高め，望ましい行動が何かを意識させるうえで有用なのだと考えられる。

　それでは，もしあなたが教師になったとしたら，年度の初めに，どういった行動を望ましい行動として児童生徒に伝えるだろうか。そして，どのようにして児童生徒の成功体験を積み重ねさせるだろうか。これまでに習得した教育心理学の知見をもとにして，具体的なイメージを膨らませてみてはいかがだろうか。

■引用文献

Asch, S. E.（1951）. Effects of group pressure upon the modification and distortion of judgments. In H. Guetzkow（Ed.）, *Groups, leadership and men: Research in human relations*（pp. 177-190）. Oxford, England: Carnegie Press.

Asch, S. E.（1956）. Studies of independence and conformity: I. A minority of one against a unanimous majority. *Psychological Monographs: General and Applied, 70,* 1-70.

Asher, S. R., & Coie, J. D.（1990）. *Peer rejection in childhood.* New York: Cambridge University Press.

Bond, R., & Smith, P. B.（1996）. Culture and conformity: A meta-analysis of studies using Asch's (1952b, 1956) line judgment task. *Psychological Bulletin, 119*, 111-137.

Brophy, J., & Good, T. (1974). *Teacher-student relationships: Causes and consequences.* New York: Holt, Rinehart & Winston.

Cialdini, R. B., & Trost, M. R. (1998). Social influence: Social norms, conformity, and compliance. In D. T. Gilbert, S. T. Fiske, & G. Lindzey (Eds.), *The handbook of social psychology* (4th ed., Vol. 2, pp. 151-192). New York: McGraw-Hill.

Emmer, E. T., & Stough, L. M. (2001). Classroom management: A critical part of educational psychology, with implications for teacher education. *Educational Psychologist, 36*, 103-112.

Harris, J. R. (1998). *The nurture assumption: Why children turn out the way they do.* New York: Free Press. (石田理恵（訳）(2017). 子育ての大誤解（新版）重要なのは親じゃない（下）　早川書房)

Jussim, L., & Harber, K. D. (2005). Teacher expectations and self-fulfilling prophecies knowns and unknowns: Resolved and unresolved controversies. *Personality and Social Psychology Review, 9*, 131-155.

岸野麻衣・無藤　隆（2009）．学級規範の導入と定着に向けた教師の働きかけ　教育心理学研究, *57*, 407-418.

Lippitt, R., & White, R. K. (1958). An experimental study of leadership and group life. In E. E. Maccoby, T. M. Newcomb, & E. L. Hartley (Eds.), *Readings in social psychology* (pp. 496-511). New York: Holt Rinehart and Winston.

三隅二不二・田崎敏昭（1965）．組織体におけるリーダーシップの構造—機能に関する実証的研究　教育・社会心理学研究, *5*, 1-13.

三隅二不二・吉崎静夫・篠原しのぶ（1977）．教師のリーダーシップ行動測定尺度の作成とその妥当性の研究　教育心理学研究, *25*, 157-166.

三隅二不二・矢守克也（1989）．中学校における学級担任教師のリーダーシップ行動測定尺度の作成とその妥当性に関する研究　教育心理学研究, *37*, 46-54.

Moreno, J. L. (1934). *Who shall survive? A new approach to the problem of human interrelations.* New York: Beacon House.

Mikami, A. Y., Lerner, M. D., & Lun, J. (2010). Social context influences on children's rejection by their peers. *Child Development Perspectives, 4*, 123-130.

Rosenthal, R., & Jacobson, L. (1968). Pygmalion in the classroom. *The urban review, 3*, 16-20.

事項索引

人名索引

【執筆者一覧】（五十音順，*は編者）

梅本貴豊（うめもと・たかとよ）
京都外国語大学共通教育機構准教授
担当：第9章

榎本淳子（えのもと・じゅんこ）*
東洋大学文学部教授
担当：序章第1節，第5章

川島亜紀子（かわしま・あきこ）
山梨大学大学院総合研究部准教授
担当：第3章

久保田（河本）愛子（くぼた（こうもと）・あいこ）
宇都宮大学共同教育学部助教
担当：第11章

佐治伸郎（さじ・のぶろう）
鎌倉女子大学児童学部准教授
担当：第2章

髙橋実里（たかはし・みのり）
千葉大学GP研究基幹特任研究員，東京学芸大学大学院連合学校教育学研究科
担当：第1章実験紹介A, B

田積　徹（たづみ・とおる）
文教大学人間科学部教授
担当：第6章

柄本健太郎（つかもと・けんたろう）
元・武蔵大学教職課程特別招聘講師
担当：第10章

中道圭人（なかみち・けいと）
千葉大学教育学部教授
担当：第1章

名取洋典（なとり・ひろのり）
医療創生大学心理学部准教授
担当：第7章

藤澤　文（ふじさわ・あや）*
鎌倉女子大学児童学部准教授
担当：序章第2節，第4章

二村郁美（ふたむら・いくみ）
川村学園女子大学教育学部講師
担当：第4章実験紹介

山口　剛（やまぐち・つよし）
日本工業大学共通教育学群講師
担当：第8章

エビデンスベースの教育心理学
心身の発達と学習の過程

2020年4月20日　初版第1刷発行
2024年4月20日　初版第2刷発行　　　定価はカヴァーに
　　　　　　　　　　　　　　　　　表示してあります

　　　　　　　　編　者　榎本淳子
　　　　　　　　　　　　藤澤　文
　　　　　　　　発行者　中西　良
　　　　　　　　発行所　株式会社ナカニシヤ出版
　　　　　　　〒606-8161　京都市左京区一乗寺木ノ本町15番地
　　　　　　　　　　　　Telephone　　075-723-0111
　　　　　　　　　　　　Facsimile　　075-723-0095
　　　　　　Website　http://www.nakanishiya.co.jp/
　　　　　　Email　　iihon-ippai@nakanishiya.co.jp
　　　　　　　　　　　郵便振替　01030-0-13128

装幀=白沢　正／印刷・製本=西濃印刷株式会社
Printed in Japan.
Copyright © 2020 by J. Enomoto & A. Fujisawa
ISBN978-4-7795-1477-7